PERSECUCIÓN

(Cinco piezas de teatro experimental)

COLECCIÓN TEATRO

EDICIONES UNIVERSAL, Miami, Florida, 2001

REINALDO ARENAS

PERSECUCIÓN

(Cinco piezas de teatro experimental)

Copyright © Estate of Reinaldo Arenas

Derechos de autor, © por
Estate of Reinaldo Arenas. Todos los
derechos son reservados. Ninguna parte de este
libro puede ser reproducida o transmitida en ninguna forma
o por ningún medio electrónico o mecánico, incluyendo fotocopiadoras,
grabadoras, sistemas computarizados o electrónicos, sin el
permiso por escrito del Estate of Reinaldo Arenas,
excepto en el caso de breves citas
incorporadas en artículos
críticos o en revistas.

Primera edición de *Persecución*,
Ediciones Universal, Miami, 1986

Composición de María C. Salvat Olson
Edición revisada por José Abreu Felippe
Dibujo de la portada por Juan Abreu Felippe
Foto del autor en la cubierta posterior por Néstor Almendros

EDICIONES UNIVERSAL
P.O. Box 450353 (Shenandoah Station)
Miami, FL 33245-0353. USA
Tel: (305) 642-3234   Fax: (305) 642-7978
e-mail: ediciones@ediciones.com
http://www.ediciones.com

Library of Congress Catalog Card No.: 86-80353
I.S.B.N.: 0-89729-391-6

ÍNDICE

AL LECTOR, Teresa María Rojas 9

PRESENTACIÓN 11

PERSECUCIÓN

ACTO PRIMERO (Traidor) 13

ACTO SEGUNDO (El paraíso) 31

ACTO TERCERO (Ella y Yo) 47

ACTO CUARTO (El Reprimero) 67

ACTO QUINTO (El poeta) 99

AL LECTOR, A MODO DE RECUERDO

Conocí a Reinaldo Arenas en abril, un mediodía de 1985. Estaba de paso por Miami, y yo quería representar *Persecución*, la obra de teatro experimental que él había comenzado a escribir en La Habana, en 1973, y concluido, doce años más tarde, en la ciudad de Nueva York. Nos encontramos en el auditórium del Miami-Dade Community College. Yo lo admiraba profundamente, por su trabajo, y por lo que él representaba. Reinaldo Arenas era nuestro autor joven más reconocido y más respondón del momento. Hablaba con cierta timidez. Sus ojos, en cambio, andaban por uno, como las teclas de una máquina de escribir, dispuestos a contarlo todo. Sin parpadeos me entregó el manuscrito. El hecho de que su obra subiera a escena por primera vez, dirigida y actuada, precisamente, por un grupo de estudiantes hispanos, parecía entusiasmarlo aún más. Estrenamos en octubre de ese mismo año, conjuntamente con «El Laberinto», de Fernando Arrabal. Aquélla fue una de las noches más estimulantes de mi celo artístico.

PERSECUCIÓN es una cacería en cinco actos, donde como caníbales feroces, la tragedia y el humor se disputan a los protagonistas, los desmiembran sin piedad y los cocinan, al fuego lento de un guaguancó. El autor quiso exorcizar a estos seres malditos, desfachatados y poéticos. *Persecución* es una lírica pelea de gallos, denuncia y maleficio, fiebre del destino y de la conciencia. En el acoso escénico, ni víctima ni victimario escapan, la trama los arrincona por igual, y cae sobre ellos como lúgubre lluvia de hojas secas. Sin embargo, no permita, lector, que le intimiden las palabras de esta trágica caribeña. *PERSECUCIÓN* es, también, una obra bendecida por la gracia.

Teresa María Rojas

PRESENTACIÓN

El tema fundamental que une a estas cinco piezas es el de la represión o la persecución. Las mismas, aunque casi independientes, se enlazan unas con otras como fragmentos de un todo que se puede armar o desarmar de diferentes maneras. El escenario habrá de ser el más elemental posible. El objeto que más evidenciará la situación represiva y las conexiones entre los distintos actos serán las sogas; ellas deben destacarse por sobre todo lo demás. Tal vez podrían estar pintadas con colores llamativos o estar hechas de un tejido grueso y burdo; también podrían ser toscas, grasientas, renegridas... Otro elemento importante es la música. Se recomienda usar (aunque no es obligatorio) el principio del *Estudio núm. 1 de Chopin, Opus 10*, pero, desde el principio, tenuemente alterado; esa alteración (entre frenética y dislocada) se hará cada vez más evidente en los actos siguientes. Al comenzar el primer acto el «estudio» se escuchará durante dos minutos, en tanto que se prepara –ante el público– la escenografía. A partir del segundo acto, la partitura musical será más breve, y así paulatinamente. Estas notas (alteradas) se escucharán siempre al principio de cada acto y en el momento indicado.

TRAIDOR

ACTO PRIMERO
(Monólogo)

Título:
Traidor.

Personajes:
Una mujer de unos 70 años.
Un periodista, hombre joven e impersonal.
Un técnico o ayudante, mediana edad, absolutamente impersonal, abstraído en su trabajo.

Efectos:
Además de la música ya señalada, habrá una pantalla al fondo donde se proyectarán diversas imágenes en el momento indicado.

Para el papel de la mujer se recomienda, aunque tampoco es obligatorio, a un hombre caracterizado como anciana o mujer de edad. El periodista llevará ropa de oficina (camisa de mangas largas, corbata), el técnico llevará un overol o cualquier prenda de trabajo. No podrán mostrarse ni grotescos ni mucho menos sexuales.

Escenario:
　　Sala de una antigua casa habanera. Un sillón o balance bastante viejo; frente al sillón una mesita, y una silla al otro lado. A un costado, una maceta con una areca o palmera marchita. Detrás, la pantalla que hace de gran pared blanca. Atravesando todo el escenario, por el proscenio, una enorme soga, tensa y amarrada de uno a otro extremo, le dará a todo el conjunto una imagen de confinamiento.
　　Al levantarse el telón comienza la partitura musical. La anciana estará ya sentada. El periodista y el técnico la irán rodeando en forma profesional de distintos artefactos, cámaras, focos, cables, micrófonos, grabadoras, láminas blancas que se utilizarán en la iluminación de la fotografía, etc. Se trata de una filmación y de una entrevista. El periodista acaba de colocar otra grabadora pequeña frente a la mesa donde está la anciana. Ella observa todo el trajín a su alrededor, pero sin mucho interés. Deben provocarse la impresión de que la anciana está siendo asediada por extraños artefactos, ciertamente agresivos... El periodista y el técnico intercambian opiniones que el público no oirá. Por un momento todas las luces de la escena se apagan. Termina el tema musical. Oscuridad y silencio absolutos. Lentamente los focos que rodean a la entrevistada se encienden. La iluminación de esos focos y naturalmente la de la pantalla (cuando ésta se use) serán las luces de este acto... El director podrá utilizar esas luces de acuerdo con las oscilaciones del monólogo, más intensas, más tenues...; en cuanto a la pantalla, que se levanta tras los personajes, funcionará como memoria visual, como pasado-presente y también como simple

pantalla donde a veces se reflejará lo que la anciana acaba de decir. Durante la entrevista, el periodista podrá ponerse de pie, tomar fotografías, hacer anotaciones; el técnico vigilará la función de los aparatos. Ya se han instalado todos los artefactos. El periodista se sienta frente a la anciana, el técnico manipula la cámara. Ahora la vieja comienza a hablar.

VIEJA: Hablaré rápido y mal. Así que no se haga ilusiones con su aparatico. No piense que le va a sacar mucho partido a lo que yo diga y después coserlo aquí o allá, ponerle ésto o lo otro, hacer un mamotreto o qué sé yo y hacerse famoso a mis costillas... Aunque no sé, a lo mejor si hablo mal la cosa sea aún mejor para usted. Puede gustar más. Puede usted explotarlo mejor. Pues usted, ya lo veo, es el diablo... Pero ya que está aquí, y con esos andariveles, hablaré. Poco. Nada casi. Sólo para demostrarles que sin nosotros ustedes no son nada. El cenicero está ahí, debajo del asiento, cójalo si lo quiere... Mucho aparato, mucha camisa limpia (toca con los dedos el tejido.) ¿Es seda? ¿Ahora ya hay seda? Pero tiene usted que quedarse ahí, de pie, o sentarse en esa silla sin fondo –sí, ya sé que están vendiendo fondos– y preguntarme.

PANTALLA: Gigantesco desfile, gigantesca concentración, miles de banderas. Visión de la Plaza de la Revolución repleta, al fondo la tribuna con los militares. Fidel Castro que se agita, en el paroxismo de un discurso. Ovación. (Se apaga la pantalla.)

VIEJA: (retomando su monólogo): ¿Qué sabe usted? ¿Qué sabe nadie? Ahora que el dictador se cayó, lo tumbaron o se cansó, todo el mundo habla, todo el mundo puede hablar. El sistema ha cambiado otra vez. Ah, ahora todo el mundo es héroe. Ahora todo el mundo resulta que estaba en contra. Pero entonces, cuando en cada esquina había un comité de vigilanciá, algo que observaba noche y día las puertas de cada casa, las ventanas, las tapias, las luces, la oscuridad, y todos nuestros movimientos, y todas nuestras palabras, y todos nuestros silencios, y lo que oíamos por la radio, y lo que no oíamos, y quiénes eran nuestras amistades, y quiénes eran nuestros enemigos, y cuál era nuestra vida sexual, y nuestra correspondencia, y nuestras enfermedades, y nuestras ilusiones... También todo eso era chequeado. Ah, ya veo que no me cree. Soy vieja. Piense de ese modo si quiere. Soy vieja, deliro. Piense así. Es mejor. Ahora se puede pensar –¿no me entiende?– ¿Es que no comprende que entonces no se podía pensar? Pero ahora sí, ¿verdad? Sí, y eso sería ya un motivo de preocupación, si es que ya algo me pudiese preocupar. Si se puede pensar en voz alta es que no hay nada que decir. De lo contrario *ellos* (hace un gesto instintivo hacia la pantalla) no lo iban a permitir. Pues, óigame, *ellos* están ahí (señala hacia el fondo.) *Ellos* lo han envenenado todo y están por ahí... Ya cualquier cosa que se haga será a causa de *ellos*. En su contra o en su favor, pero siempre por *ellos*.

PANTALLA: Himnos. Grandioso desfile militar. Pasan escuadrones marchando marcialmente, levantan el pie a noventa grados, todo esto frente a la gran tribuna. Se oyen los gritos

Persecución

de ¡Comandante en Jefe, Ordene! ¡Hurra! ¡Hurra! ¡Hurra! (Se apaga la pantalla.)

VIEJA: ¿Qué digo? ¿Qué estoy diciendo? ¿Es cierto que puedo decir lo que me dé la gana? ¿Es verdad? Dígamelo. Al principio me parecía mentira. Ahora tampoco lo creo. Cambian los tiempos. Oigo hablar otra vez de libertad. A gritos. Eso es malo. Cuando se grita de ese modo «¡libertad!», generalmente lo que se desea es lo contrario. Yo sé. Yo vi... Por algo ha venido usted, me ha localizado, y está aquí con esos aparatos. ¿Funcionan? ¿Verdad? Mire que no voy a repetir. Ya sobrará por ahí quien invente... Ahora vienen los testimonios. Claro, todo el mundo cuenta, todo el mundo alborota, todo el mundo chilla, todo el mundo era, qué bonito, contrario a la tiranía. Y no lo dudo. Ah, pero entonces, ¿quién no lucía un distintivo político acuñado, lógicamente, por el régimen? Averígüelo bien, ¿su padre acaso no fue miliciano? ¿Acaso no fue al trabajo voluntario? *Voluntario*. Esa era la palabra. Yo misma, cuando el derrocamiento de Castro, estuve a punto de ser fusilada por castrista. ¡Qué horror! Me salvaron las cartas que le había enviado a mi hermana en el exilio. ¿Y si no hubiesen existido esas cartas?... Rápido me las tuvo que enviar, si no, me la pelan... Yo, que no he vuelto a salir a la calle, porque algo, mucho, de aquello se ha quedado en el tiempo. Y no quiero olerlo. Yo...

PANTALLA: Aparece un hombre con las manos esposadas, detrás un grupo de militares con armas largas. Silbidos y gritos de ¡Paredón! ¡Paredón! ¡Paredón! (Se apaga la pantalla.)

VIEJA: Así que me pide usted que hable, que aporte, *que coopere* –perdón, sé que ese lenguaje no es de esta época– con lo que sepa, pues pretende hacer un libro, o algo por el estilo, con una de las víctimas. Una víctima doble, tendrá que decir. O triple... O mejor: una *víctima* víctima. O mejor: una víctima víctima de las víctimas... En fin, arregle eso. O ponga lo que se le ocurra. No es necesario que yo lo revise. No quiero revisar nada. Aprovecho sin embargo esta libertad ¿de «expresión»? (¿aún se dice así?) Para decirle que es usted una tiñosa. Auras le decían. ¿Las han eliminado a todas? ¿Ya no son necesarias? Qué pájaros, se alimentaban de la carroña, de los cadáveres, y después se elevaban hasta el mismo cielo como si llevaran las almas en el pico... ¿Y cuál fue la causa de que las exterminaran? Higienizaban la Isla bajo todos los regímenes. Cómo engullían. Tal vez murieron envenenados al comerse los cadáveres de los criminales ajusticiados («ajusticiados», ¿es ésa aún la palabra?) por ustedes... Pero, oiga, acerque más ese aparato, pronto, que estoy apurada, vieja y cansada, y, para serle franca, también estoy envenenada... Antes ese aparato (señala para la grabadora) –¿funciona?– tenía mucho uso. Aunque la gente generalmente no sabía cuando *ellos* lo estaban utilizando... Usted me explica lo que va a hacer, y para qué ha venido. Hablamos. Y nadie en la esquina vigila, ¿verdad?... Y no me registrarán la casa luego de que ustedes se hayan marchado ¿verdad? De todos modos, ¿qué puedo yo esconder ya? Y puedo decir que estoy en contra o a favor ¿es cierto? Puedo ahora mismo hablar, si quiero, contra el nuevo gobierno, ¿y nada pasaría? Es posible. ¿Es posible?... Sí, todo es así. Ahí mismo, en la esquina, hoy vendieron cerveza. Hubo ruido. *Música*, le dicen. La gente ya no se ve tan desgreñada, ni tan furiosa. Los árboles ya no sostienen consignas. Se pasea, lo veo. Se puede ser auténticamente triste, con tristeza propia, quiero decir... Se come, se aspira, se sueña. ¿Se sueña?... Se ven telas brillantes. Pero yo no creo; ya se lo dije: yo estoy envenenada. Yo sé. Yo vi.

PANTALLA: Rostro de la vieja que dice «Yo sé. Yo vi». (La pantalla se apaga.)

VIEJA: Pero, en fin, debemos ir al grano, que es lo que a usted le interesa. Ya no se puede perder el tiempo. Ahora se trabaja, ¿verdad? Antes lo importante era aparentarlo. Se aspira... La historia es simple. Ya lo digo. Pero de todos modos esas son cosas que usted no las va a entender. Ni nadie ya, casi. Esas son cosas que no se pueden comprender si no se han padecido, como casi todo... Escribió varios libros que deben andar por ahí, o no: quizás al principio del derrocamiento del sistema los quemaron. Entonces, muy al principios, claro, se hacían esas cosas. Vicios heredados. Trabajo ha costado, bien lo sé, superar esas «tendencias» –¿así se le llama todavía?–. Todos esos libros, usted lo sabe, hablaban bien del sistema derrocado. Y sin embargo, todo eso es mentira... Había que ir al campo, y él iba. Nadie sabía que cuando más furiosamente trabajaba, no lo hacía por adhesión al régimen, sino por odio. Había que ver con qué pasión escarbaba la tierra, como sembraba, desyerbaba, guataqueaba. Esos entonces eran méritos grandes ¡Jesús! Y con qué odio lo hacía todo, con qué odio cooperaba en todo ¡Cómo aborrecía todo aquello!

PANTALLA: Visión rápida del hombre escoltado, muchedumbre frenética, gritos de «¡Paredón, Paredón!» (Se apaga la pantalla.)

VIEJA: ...Lo hicieron –se hizo– «joven ejemplar», «obrero de avanzada», se le entregó el «gallardete». Había que hacer una guardia extra, él la hacía; había que irse a la zafra a cortar caña, él se iba. En el servicio militar, ¿a qué podía negarse, si todo era oficial, patriótico, revolucionario, es decir, inexcusable? Y fuera del servicio militar todo era también un servicio obligatorio, con el agravante de que entonces ya no era un muchacho. Era un hombre y tenía que vivir; es decir, necesitaba un cuarto, una olla de presión, por ejemplo, un pantalón, por ejemplo. No me creería usted si le dijera que la entrega de un cupón, la autorización para comprar una camisa revestía un privilegio político. Ya veo que no me cree. Que le vamos a hacer... Ojalá siempre pueda ser usted así...

PANTALLA: Visión rápida de muchedumbre enardecida, desfiles, gritos de «El que saque la cabeza se la cortamos». (Se apaga la pantalla.)

VIEJA: ...Como odiaba tanto al sistema, se limitó a hablar poco; y como no hablaba no se contradecía, como los demás, que lo que decían hoy mañana tenían que rectificarlo o negarlo –problemas de «la dialéctica», se decía–. Y, en fin, como no se contradecía se convirtió en un hombre de confianza, de respeto. En las asambleas semanales jamás interrumpía. Había que ver qué expresión de asentimiento lucía mientras navegaba, viajaba, soñaba que estaba en otro sitio, en «tierras enemigas» (como *ellos* decían) y que regresaba en un avión, con una bomba, y allí mismo en la asamblea donde él ahora estaba, en la plaza repleta de esclavos, donde tantas veces él ominosamente había también asistido y aplaudido, la dejaba caer.

PANTALLA: Visión rápida de la Plaza de la Revolución. Tanques desfilando. Voz en Off: «Comandante en Jefe, las tropas ya perfectamente formadas esperan por su inspección». (Se apaga la pantalla.)

VIEJA: ...Así que «por su disciplina y observancia en los Círculos de Estudios» (así se le llamaban a las clases obligatorias de adoctrinamiento político) se le entregó otro diploma... A la hora de leer el *Granma* (aún recuerdo ese título), él era el primero, no porque le interesara, sino porque su aborrecimiento a ese diario era tal que para salir rápido de él (como se desea salir de todo lo que se detesta) lo leía inmediatamente. Al levantar la mano para donar esto, aquello, lo otro (todo lo donábamos públicamente), cómo se reía por dentro de sí mismo, cómo, por dentro, reventaba. Siempre hacía cuatro o cinco horas extras en el trabajo, «voluntarias», pero no las hubieras hecho para que hubieses visto... En la guardia obligatoria, con el fusil al hombro, paseándose por el edificio que el régimen anterior había construido, custodiando su infierno, cuántas veces no pensó volarse los sesos, gritando «abajo la dictadura» o algo por el estilo. Pero la vida es otra cosa. La gente es otra. ¿Sabe usted lo que es el miedo? ¿Sabe usted lo que es el odio? ¿Sabe usted lo que es la esperanza? ¿Sabe usted lo que es la impotencia...? Cuídese, no confíe, no confíe. Ni siquiera ahora, ahora menos. Ahora que todo ofrece confianza es el momento oportuno para desconfiar. Después será demasiada tarde. Después tendrá que obedecer. Es usted joven, no sabe nada. Pero su padre sin duda fue miliciano. Su padre, sin duda (mira al periodista fijamente, éste, como desconcertado hace un gesto de negación.) Su padre, sin duda... ¡No participe en nada! ¡Váyase del país! ¿Se puede ir uno ahora? Es increíble, irse... (se pone de pie, camina alrededor del periodista.) «Si pudiera irme», me decía él, me lo susurraba, luego de haber regresado de una jornada infinita, luego de haber estado tres horas aplaudiendo: «¡Si pudiera irme, si pudiera, a nado –otra cosa ya es imposible– remontar este infierno y perderme!». Y yo: *Cálmate, cálmate, bien sabes que es imposible, pedazos de dedos traen los pescadores; hay órdenes de disparar en alta mar a boca de jarro, aunque te entregues. Mira esos focos...* Y él mismo tenía a veces que cuidar de los focos, de las armas, limpiarlas, darles brillo, celar los objetos de su sometimiento. (Camina hasta quedar de espaldas junto a la pantalla.) ¡Y con cuánta disciplina lo hacía! ¡Con cuánta pasión! Diríase de que trataba de que su autenticidad no sobresaliese por sobre sus actos. Y regresaba, fatigado, sucio, lleno de palmaditas y condecoraciones... «Ah, si tuviera una bomba», me decía entonces, me susurraba mejor dicho, «ya hubiese volado con todo esto. Una bomba potente, que no dejase nada, nada: ni a mí mismo». Y yo...

PANTALLA: Inmediatamente que la anciana dice «Y yo», la pantalla se ilumina, aparece en ella el mismo personaje de la anciana pero 30 años más joven diciendo: «Cálmate por Dios, espera, no hables más, te pueden oír, no lo eches a perder todo con tu furia...» (Se apaga la pantalla.)

VIEJA: (ahora en escena): Y yo: Cálmate por Dios, espera, no hables más, te pueden oír, no lo eches a perder todo con tu furia...

PANTALLA: Documental, miles de brazos que agitan machetes, voz en off, estentórea y amenazante: ¡A LA CARGA FINAL! ¡GUERRA A MUERTE A LOS PELUDOS Y A LOS GUSANOS! (Se apaga la pantalla.)

VIEJA: ...Disciplinado, atento, trabajador, discreto, sencillo, normal, natural; absolutamente natural, adaptado, precisamente por ser todo lo contrario, ¿cómo no lo iban a hacer miembro del Partido? ¿Qué tarea no realizaba? ¡Y rápido! ¿Qué crítica no aceptaba humildemente?... Y aquel odio tan grande por dentro, aquel sentirse vejado, aniquilado, sepultado, y nada poder decir, sino aceptar calladamente, ¡qué calladamente!: ¡Entusiastamente! Para no ser aún más vejado, más aniquilado, absolutamente fulminado. Para poder quizás un día ser él mismo, vengarse: hablar, actuar, vivir...

PANTALLA: (Interrumpiendo a la vieja): Muchedumbre enardecida, documental sobre el desfile oficial cubano ante la Embajada del Perú en La Habana. Voz autoritaria en off: *«Mi casa limpia y bonita sin vagos ni mariquitas»*. (Se apaga la pantalla.)

VIEJA: ...Ah, cómo lloraba, muy bajito, por las noches, en su cuarto. Ahí, en ése que está al lado, a esta mano... Lloraba de furia y de odio. Jamás podré enumerar, aunque viva sólo para ello, las injurias que pronunciaba contra el régimen. «No puedo más, no puedo más», me decía. Y era la verdad. Abrazado a mí, abrazado a mí que era también joven, éramos jóvenes, así, como usted. Aunque no sé, a lo mejor usted ya no es tan joven. Ahora todo el mundo está tan bien alimentado... Abrazado a mí me decía «no voy a poder más, no voy a poder más. Voy a gritar todo mi odio... Voy a gritar todo mi odio» me susurraba ahogado. Y yo, ¿qué hacía yo? Yo lo calmaba. Le decía:

PANTALLA: El personaje de la anciana con 30 años menos en close up dice: «¿Estás loco?» (Se apaga la pantalla.)

ANCIANA: Y le ajustaba las insignias...

PANTALLA: (Personaje de la anciana con 30 años menos): «Si lo haces te van a fusilar. Aparenta, como todo el mundo. Aparenta más que el otro. Así te burlas de él. Cálmate. No digas barbaridades... (Se apaga la pantalla.)

ANCIANA: Siguió cumpliendo con sus tareas, siendo solamente él a veces, por las noches, sólo un rato, cuando venía a

Persecución

mí a desahogar. Nunca, ni siquiera ahora que se tiene la benevolencia y el estímulo oficiales, escuché a una persona hablar tan mal de aquel sistema. Él, como estaba dentro del mismo, conocía todo el aparato, sus atrocidades más sutiles... Por el día volvía enfurecido y silencioso a la guardia, a la asamblea, al campo, a la mano levantada. Se llenó de «méritos»... Fue entonces cuando el Partido le orientó –no sabe usted lo que significaba ese verbo en aquella época– que escribiese una serie de biografías de sus más altos dirigentes. ¡Hazlo! ¡Hazlo!, le dije yo o todo lo que hasta ahora has conseguido se pierde. Sería el fin... Se hizo –lo hicieron– famoso.

PANTALLA: Aparece Fidel Castro poniéndole medallas a un grupo de personas. Proyección muda mientras la anciana sigue hablando.

ANCIANA: Se mudó de aquí. Le dieron una casa amplia. Se casó con la mujer que se le orientó. Yo tenía una hermana en el exilio... (Se apaga la pantalla.) Tuvo un hijo... Venía sin embargo a visitarme, con mucha cautela; sus libros, sus biografías, bajo el brazo. Me los entregaba y me decía la verdad sobre los biografiados: todos eran monstruos. (Se detiene en el centro del proscenio, mira hacia el público): ¿Eran? ¿O éramos?

PANTALLA: Close up de la anciana que dice «¿Eran? ¿O éramos? (Se apaga la pantalla.)

ANCIANA: (hacia el periodista): ¿Qué cree usted? ¿Ha averiguando algo sobre *su padre*? ¿Sabe algo más? ¿Qué más quiere saber?... ¿Por qué está usted aquí entrevistándome? ¿Por qué me mira de esa manera? ¿Quién es usted? ¿Por qué escogió para su trabajo a un personaje tan turbio? ¿Qué sabe usted de él?...

PANTALLA: Muchedumbre enfurecida. Gritos de ¡paredón! (La pantalla se apaga.)

ANCIANA: «En la primera oportunidad que tenga me asilaré», me decía. «Sé que la vigilancia es mucha, que prácticamente es imposible quedarse, que son muchos los espías, los criminales dispersos, que aún después, en el exilio, seré asesinado. Pero antes hablaré. Antes diré al fin lo que siento. La verdad»... Cálmate, cálmate, le decía yo –y ya no éramos tan jóvenes–, no vayas a hacer una locura... Y él: «¿Es que crees que puedo pasarme toda la vida representando? ¿Es que no te das cuenta que a fuerza de tanto traicionarme voy a dejar de ser yo mismo? ¿Es que no ves que ya soy una sombra, un fantoche, un actor que no desciende nunca del escenario donde representa además un papel sucio?... Y yo: ¡Espera, espera!... Yo comprendiendo, llorando también con él, odiando tanto o más que él –soy, o era, mujer–, aparentando como todo el mundo, secretamente conspirando con el pensamiento, con el alma, y suplicándole que esperara, que esperara. Y supo esperar. Hasta que llegó el momento. (Pausa. Total iluminación.) El momento en que fue derrocado el régimen y él procesado y condenado como agente directo de la tiranía, todas las pruebas están en su contra, a la pena máxima por fusilamiento. Entonces, de pie ante el pelotón libertario que lo fusilaría gritó: «¡Abajo Castro! ¡Viva la libertad!»... Hasta que la descarga cerrada lo enmudeció estuvo repitiendo aquellos gritos. Gritos que la prensa y el mundo calificaron de cobarde cinismo, pero que yo –escríbalo ahí por si no funciona el aparatico– puedo asegurarle que fue lo único auténtico que dijo en voz alta durante toda su vida.

(Se apagan las luces que rodean a la anciana. La pantalla se ilumina con una luz cada vez más intensa pero sin proyectar ninguna imagen, sólo una claridad cegadora y deslumbrante. De pronto, oscuridad total. Dentro de esa oscuridad se escucha la voz en off de la anciana que dice: «Yo sé. Yo vi». Silencio y tinieblas. Comienza la introducción del segundo acto, *El paraíso*.)

EL PARAÍSO

ACTO SEGUNDO

Título:
El paraíso.

Personajes:
Un viejo (se recomienda sea el mismo actor del primer acto.)
Primer soldado.
Segundo soldado.
Tercer soldado.

Escenario:
Un prado artificial, con una palmera también artificial, la misma del primer acto pero ahora menos marchita.

Efectos:
Pantalla al fondo de un azul muy claro y tenue, dando una sensación de infinito.

Luego de haberse escuchado la voz de la anciana que dice: «Yo sé. Yo vi», se oirán en absoluta oscuridad tanto en la escena como en el salón, chiflidos de carros patrulleros, sirenas, ladridos, tiroteos, una voz que grita: «¡Párate ahí, hijo de puta!»; estampidos... Por momentos el estruendo de la persecución se hará intolerable. Hombres armados cruzarán por entre los espectadores, el escándalo de varios silbatos retumbará en las cuatro esquinas de la plantea. Luego, el barullo desciende. Silencio absoluto. Se escucha brevemente (aún más alterado) el mismo tema musical del acto I. Se encienden las luces súbitamente en la escena. Estamos en un prado artificial. El piso del escenario está cubierto por una alfombra verde, brillante y plástica; a un lado, la palmera. La misma soga del acto I será la que trae ahora amarrada al cuello un viejo harapiento, largas y cenicientas barbas, grenchas blancas. Porta una jaba llena de papeles (manuscritos) amarillentos. Mientras camina con la enorme soga al cuello mira para todas partes, temeroso; evidentemente lo persiguen. Ya en el centro del escenario saca algunos papeles y un cabo de lápiz y comienza a leer en voz alta, evidentemente con la intención de corregir lo escrito. A medida que lee se desarrollará en escena lo que describe.

VIEJO: (leyendo, voz fatigada, tono narrativo): Los tres soldados del Perenne Unificado y Glorioso Imperio vuelven a realizar el recorrido de regreso con la gran jaula a cuestas. Ahora han llegado a un ameno y fresco valle artificial con su típica palmera, y se disponen a descansar. Acaban de depositar la gran jaula (de oro) sobre unas rocas lunares-transparentes, importadas expresamente para celebrar el Veinte Mil Centenario Glorioso del Perenne Unificado y Glorioso Imperio. Depositan los alimentos sobre la yerba reluciente, fumigada y sintética. Mientras comen, hablan...

(Un fuerte tirón al extremo de la soga dado por el segundo soldado hace que el viejo ruede por el suelo, se incorpora trabajosa y rápidamente, recoge los papeles que habían rodado por el suelo y entra apresurado en la jaula.)

PRIMER: SOLDADO (señalando indolente hacia la jaula): ¿Y quién es ése que cargamos hoy? Parece muy viejo. Aunque con esta gente nunca se sabe. He visto a algunos que con veinte años semejaban ochenta; otros a los noventa no aparentan más que diecisiete.

SEGUNDO SOLDADO: Viejo es. Pero él, como todos los otros, también tiene derecho a habitar en el paraíso.

PRIMER SOLDADO: ¿Y qué rayos escribió ése?

TERCER SOLDADO: Pásame la mermelada saturniana, a mí me encanta. Gracias... ¿Ése? Ése escribió una novela de caballerías. Una aventura de locos.

PRIMER SOLDADO: Cómetela toda si quieres. A mí no me gusta. ¿Y por qué lo llevan para allá? Dicen que todo el que entra allí no vuelve a escribir más nada.

TERCER SOLDADO: Es el paraíso. El que está allí no tiene porqué hacer nada. ¿No crees que sería estúpido estar en el paraíso y escribir?

SEGUNDO SOLDADO: ¡Morcillas de Plutón! ¡Hechas de estaño de aerolito y antifilifolias virgilianas! ¡Y pensar que de una mezcla tan simple salga este producto delicioso...! ¿Quién a estas alturas se atrevería a negar el progreso de la ciencia?

TERCER SOLDADO: (señalando para la jaula): ¡Ellos! Ellos insisten en ejercer un oficio decadente y arcaico. ¡Aunque ya eso se acabó!

SEGUNDO SOLDADO: Son exquisitas... ¡Hombre!, se dice que escribían para protestar. Estando en el paraíso, ¿por qué han de escribir?

PRIMER SOLDADO: Ya las probé. Gracias. Están sobrecargadas de metales... Pues podrían escribir protestando, por ejemplo, de la abundancia de rosas artificiales. ¿Viste la cantidad de rosas que trajeron los cohetes esta mañana?

SEGUNDO SOLDADO: Sí. A mí me encantan estas morcillas. Cuanto más metal, mejor. ¿Acaso no está demostrado que es el primer alimento?

PRIMER SOLDADO: Prefiero otra cosa... Pero, ¿entonces por qué ellos no quieren ir para allá? Trabajo nos dio coger a éste, y eso que es un viejo, según parece. Y por lo que ustedes me dicen, así son todos. ¡Y después, tenerlos que

Persecución

transportar en ese jaula tan pesada, habiendo tantos métodos!...

SEGUNDO SOLDADO: Eso es verdad. Éste al menos no protesta ni dice nada, pero otros han osado hasta mencionarnos hasta a nuestra Gran Madre Omnipotente y Presente. ¡Alabada sea siempre! Y nos ha pateado las canillas. Y lo peor es que no podemos descuartizarlos, como hacemos con los demás... No, no quiero más mermelada. Trae el postre concentrado y los vasos esterilizados.

PRIMER SOLDADO: (sirviendo): Pero en fin, ¿por qué es que ellos no quieren ir para allá? No tienen que trabajar ni hacer nada; nada más que pasearse, oler las rosas y comer...

TERCER SOLDADO: ¿Ya te repugnaste del dulce real? A mí me encanta. Dame... En realidad son seres extraños; disconformes, anormales o algo por el estilo. Por eso se les da lo mejor.

PRIMER SOLDADO: ¿Pero por qué no los dejan que revienten como han reventado otros?

TERCER SOLDADO: ¡¿Otros?! Aquí, bajo el Perenne Unificado y Glorioso Imperio, nadie ha reventado si no es por su propia petición.

SEGUNDO SOLDADO: Petición firmada por el mismo interesado en reventar. ¿Conoces a alguien que haya reventado sin haber firmado antes su petición?

PRIMER SOLDADO: Es verdad. Tiene razón... Aunque, el número de peticiones es enorme y generalmente se conceden todas.

TERCER SOLDADO: Nuestra política es complacer a todo el mundo. Satisfacemos todas las peticiones, y ésas también.

SEGUNDO SOLDADO: A ellos, a la verdad, que los tratan mejor que a nosotros. ¿Quién de nosotros, los soldados, ha entrado en el paraíso sino es sólo para dejarlos a ellos?

TERCER SOLDADO: Ya dije que son seres muy inconformes.

PRIMER SOLDADO: Pero tampoco se sienten bien allí. Allí es donde menos desean estar.

TERCER SOLDADO: (engullendo): ¡Qué sabes tú! Todo eso no es más que una patraña. ¡Malagradecidos que son!

PRIMER SOLDADO: ¿Y por qué no los dejan por ahí? Total, no creo que hagan daño.

TERCER SOLDADO: ¡Vino «Lágrimas de Estrellas»! ¡El mejor! (Bebe) ¡Ah, ¿y las delegaciones extraplanetarias?! ¿Y las sandeces que ellos inventan? La última vez que vinieron los embajadores plenipotenciarios de La Gran Galaxia Ardiente y Amiga tuvimos que revolver todo el

Sistema para localizar a uno de estos piojosos que, según los detectores, había compuesto un «mensaje». Al fin lo localizamos, en una asquerosa gruta natural, escribiendo.

SEGUNDO SOLDADO: ¡Qué horror! (Come.)

TERCER SOLDADO: Así es. Pásame las ciruelas venusianas. El viaje es largo y hay que fortalecerse.

SEGUNDO SOLDADO: Excelente, ¿verdad?

PRIMER SOLDADO: ¿Y por qué no los transportan a través del desintegrador-integrante, como hacemos con los demás?

TERCER SOLDADO: Es una petición de ellos, según nos informaron: Desean ser transportados de esa forma. (Señala para la jaula.)

SEGUNDO SOLDADO: Es una cuestión de principios que hemos respetado.

SEGUNDO Y TERCER SOLDADOS: ¡Grande es nuestra benevolencia!

PRIMER SOLDADO: Pero, en fin, ¿son ellos los que gobiernan o somos nosotros?

TERCER SOLDADO: Nosotros. No olvides que somos los dueños del paraíso.

PRIMER SOLDADO: ¿Y si alguien quiere salir?

TERCER SOLDADO: ¡Nadie quiere salir del paraíso!

PRIMER SOLDADO: ¿Pero, y si alguien quiere salir?

SEGUNDO Y TERCER SOLDADOS: ¡Nadie quiere salir del paraíso!

PRIMER SOLDADO: Pero, ¿si por algo, por cualquier cosa, aunque sea en contra suya, alguien quisiera salir?...

TERCER SOLDADO: Acabemos con esta botella, aún queda otra. (Al primer soldado.) ¿Sabes? Haces demasiadas preguntas. ¿Desde cuándo trabajas en esta subsección? ¿Cómo viniste a parar aquí?

PRIMER SOLDADO: Hace poco. Fui elegido. Por mis méritos. Fue para mí un gran honor, lo confieso: Veré, aunque sea por unos momentos, el paraíso. Qué alegría me dio cuando me lo dijeron. Perdónenme, quizás no merezca este cargo. Aquí está la botella... Pregunto mucho. Pero es que esto es nuevo para mí. Ustedes ya están acostumbrados. Consideren mis preguntas –así son– como una consecuencia del celo profesional. Eso...

SEGUNDO SOLDADO: (mirando fijamente al primer soldado): ¿Y qué otro cosa podría ser?

TERCER SOLDADO: (al primer soldado): Sirve tú mismo. Gracias. Bebamos.

PRIMER SOLDADO: (al tercer soldado): Pero oye, dentro de poco no quedará ninguno, ¿no crees?

TERCER SOLDADO: (dejando de beber): ¿Qué cosa?

PRIMER SOLDADO: Ellos (señala la jaula). Pronto no habrá ninguno. Si todos son enviados al paraíso, dentro de veinte, treinta o cuarenta años a lo más –porque todos en general son viejos y según me han dicho, aborrecen el rejuvenecedor artificial– ya no quedará ninguno, ¿no creen?

TERCER SOLDADO: Eso es un asunto de ellos. Nadie les prohibe escribir. Al contrario, en el paraíso pueden disponer de todo el tiempo para la escritura.

PRIMER SOLDADO: Pero ustedes mismos han dicho que nadie es capaz de escribir estando en el paraíso. Entonces, ¿no sería mejor que los dejaran por ahí?

TERCER SOLDADO: ¡¿Por ahí?! ¿Como si fueran envases vacíos? ¿Y las delegaciones amigas? ¿Y las delegaciones enemigas? ¡Un escritor fuera del paraíso! ¡Qué dirían de nosotros!... Pon otra remesa de vino y en marcha, que el trayecto es largo.

PRIMER SOLDADO: (señalando para la jaula): ¿Y él no querrá algo?

SEGUNDO SOLDADO: ¡Hombre! Parece mentira. ¿Ofrecerle este «bodrio galaxiano» como ellos mismos lo han llamado? A ese hay que darle aguardiente o agua sola. Cosa que tú, por suerte, no conoces.

TERCER SOLDADO: (riéndose): Y además manzanas de Canadá, que hacen envejecer, como lo indica su nombre. Y hasta guayabas del Perú. Cosas de indígenas.

PRIMER SOLDADO: De todos modos, a lo mejor quiere algo. El recorrido ha sido ya largo. ¿No podríamos ofrecerle algún trozo de...?

TERCER SOLDADO: (interrumpiéndolo): ¡No tenemos órdenes sobre eso!

SEGUNDO SOLDADO: (advirtiéndole): No lo hagas.

TERCER SOLDADO: (al primer soldado): Desintegra los platos y partamos. Nos queda el resto del siempre-día.

PRIMER SOLDADO: (mirando hacia la jaula): Y aún no ha dicho ni una palabra...

(Caminan hacia la jaula.)

SEGUNDO SOLDADO: Huele mal, con esa barba, que se les deja también por cuestión de principios... (Toma, junto con el primer soldado las varandas que sostienen la parte trasera de la jaula.)

TERCER SOLDADO: (tomando la parte delantera de la jaula y resoplando): ¡Uff! Apesta, como la mayoría de ellos. ¡Atención! Uno, uno, uno, uno...

PRIMER SOLDADO: (al segundo soldado): ¿Y por qué nada más cuenta hasta uno?

SEGUNDO SOLDADO: Es un hombre muy firme. (En tono de confesión.) Además, sólo sabe contar hasta ahí.

TERCER SOLDADO: Uno, uno, uno, uno...

PRIMER SOLDADO: (al segundo soldado): Oye, ¿será posible que ninguno haya vuelto a escribir nada? ¿No crees que todos escriben y luego echan las hojas al desintegrador permanente? ¿Por qué iban a dejar de escribir? ¿No crees?

SEGUNDO SOLDADO: No, ninguno ha escrito, créemelo. Te lo digo en serio. ¿Por qué iba a ocultártelo? Ninguno ha vuelto a escribir nada.

PRIMER SOLDADO: ¿Será posible?...

TERCER SOLDADO: (sin mirar hacia atrás): ¿Qué pasa? ¿Otra pregunta?

PRIMER SOLDADO: No; no es una pregunta.

TERCER SOLDADO: (sin mirar hacia atrás): Bien, anda con cuidado. La última lluvia de aerolitos averió todo el camino... Ah, me pesan las tripas.

(El primer soldado, sin dejar de cargar su parte de la jaula se desliza hasta el prisionero que va en ella, y que parece dormitar. El soldado introduce la mano libre por entre los barrotes y tira de las barbas del viejo. El viejo abre los ojos y le dedica una mirada lenta y cansada. Inmediatamente vuelve a cerrar los ojos. El primer soldado ocupa otra vez su puesto, junto al segundo soldado.)

PRIMER SOLDADO: Quisiera probar una de esas manzanas de Canadá, aunque me avejenten.

SEGUNDO SOLDADO: ¡Bah! No te van a gustar. En el paraíso están a montones. Allí puedes coger alguna, aunque no debes hacerlo sin autorización.

PRIMER SOLDADO: ¿Y ellos? (Señala para el viejo en la jaula.) ¿No dirán nada?

SEGUNDO SOLDADO: Allí ellos nunca dicen nada. Pero no debes hacerlo. Hay que observar el reglamento.

PRIMER SOLDADO: Pero... una sola. ¿Quién se va a dar cuenta?

SEGUNDO SOLDADO: Nadie, claro, ¿a quién le importa una fruta?... Pero, por si acaso (señala con la vista para el tercer soldado), ¡no cojas la manzana!

TERCER SOLDADO: ¡Uno! ¡Uno! ¡Uno! ¡Uno!...

(Se pierden con la jaula por todo el paisaje.)

Mientras la comitiva, con la jaula a cuestas, desaparece por un extremo de la escena, las luces se hacen más tenues, el verdor artificial desaparece en tanto que la pantalla de un azul tenue pasa a un azul más intenso hasta convertirse en un cielo absolutamente estrellado, donde fulguran todas las constelaciones acompañadas por la típica algarabía de la noche en el bosque. Inmediatamente oscuridad y silencio. Comienza el acto III, *Ella y yo*.

ELLA Y YO

ACTO TERCERO

Título:
Ella y yo.

Personajes:
Un hombre y una mujer con taparrabos, aparentan unos 35 años. Un coro formado por unas seis personas.

Escenario:
El mismo del acto II, pero sin la palmera. Al fondo la pantalla en blanco.

El hombre y la mujer (*Ella y yo*) llevarán puestos sendos taparrabos de papel, serán hojas amarillentas y manuscritas; esto es: serán las mismas hojas que forman parte del manuscrito del poeta en el acto II. Ambos llevarán una soga amarrada a la cintura que se extiende como una larga cola, a veces los extremos de esas sogas pueden salir del escenario y molestar al público. La iluminación será ahora más bien amarillenta, dando la imagen de un panorama terroso y desértico. Antes de comenzar el diálogo los personajes estarán en escena, uno cerca del otro, inmóviles y como si fueran maniquíes. Se oye entonces el breve tema musical y luego dos campanadas. Alguien vestido de overol (puede ser el técnico del acto I) pasará a gran velocidad por el escenario dejando caer junto a los personajes la palmera, ahora esmirriada. Alrededor de esa palmera y como dirigiéndose a la misma planta comenzará la conversación entre «Ella» y «Yo»... Deben enfatizarse en que ambos personajes parezcan casi como de otro mundo, a veces fatigados, otras indiferentes, súbitamente alegres, desoladoramente trágicos, por momentos cruzará por sus semblantes como el recuerdo de una derrota, se dirigen la palabra casi incesantemente pero al parecer no recíprocamente, se miran, aunque parece que están mirando a otro sitio, que ven otras cosas... Deben jugar con las sogas de manera indiferente pero diestra. A veces, mientras hablan, uno enreda al otro en la soga completamente como si fuera un trompo, luego tira de la cuerda; el otro entonces gira en un solo pie, bailando, así, como un trompo. Todas estas acciones (no marcadas en el diálogo) se dejan a la improvisación (e inspiración) de los actores... En cuanto al coro no debe estar formado por menos de seis personas. Uno de los integrantes del coro ha de ser la vieja del primer acto; otro, el periodista; otro, un niño o niña con pañoleta roja al cuello y algún brazalete llamativo; otro, un mariscal o algo por el estilo lleno de medallas; otro, el tercer soldado del acto II; otro, una ama de casa, profesora, o algo parecido... En contraste con «Ella» y «Yo» que parecen casi irreales, el coro debe dar la sensación de algo inminente, real e ineludible. Pueden llevar trajes de colores bien marcados, también debe hacerse uso de la iluminación. Evidentemente se trata de gente bien plantada y con un objetivo.

Tema musical, campanadas, palmera. Comienza el diálogo.

YO: ¿Te sientes bien?

ELLA: ¡Juípara! ¡Juápara! ¡Juaparraaaaaaaaaaaááá! ¡Jumpirombsz! ¡Jimmmmmmmmmmtch!

YO: Menos mal... Dicen que en la esquina sacaron refrescos ¿Voy?

ELLA: ¿De cola? ¿De albaricoque? ¿De fresa o de zapote? ¿Sí? ¿No?

YO: ¿Te sientes bien?

CORO: (entrando marcialmente y colocándose detrás de ella y yo con voz potente): Sí. Estoy bien. ¡BEEEEEEEEE ÉÉÉ!...

ELLA: (tono repetitivo y más bajo): Sí. Estoy bien. ¡BEEEEÉÉÉ!...

YO: Nos acercaremos más (se acerca al coro y lo huele): Qué buen perfume... Al menos no rechina.

ELLA: ¿Sí? (Se oyen tres campanadas.)

YO: Vamos, ahora las guaguas estarán menos insoportables.

ELLA: ¿Sí?

YO: ¿Qué pueblo es ése? ¿Por qué hacen tanto ruido?

CORO: ¡El que saque la cabeza se la cortamos!

ELLA: (voz resignada): Son ellos.

YO: Dicen que cerca de aquí a cada rato sacan bebidas.

ELLA: Ve si quieres. (Cuatro campanadas.)

YO: ¿Es tarde o temprano?

ELLA: Cállate. Nos están mirando. Podrían oterpartaturperdertercump...

CORO: ¡Todos a la recogida de cujes de tabaco en Pinar del Río!

YO: Freiré los plátanos.

ELLA: ¿Entonces, no hay escapatorias?

CORO: ¡Ya llegamos a las cien mil posturas de café!

YO: Dicen que en la esquina sacaron refrescos...

ELLA: ¡No ha llovido!

YO: (mirándome el taparrabo): Interesante, ya lo había leído.

ELLA: ¿Armo el mosquitero?

YO: (quintándome el taparrabo y leyendo): ¿Por qué preocuparse tanto por una barriga? No te deforma. (Se coloca el taparrabos.)

ELLA: Las siete. ¡Ya son las siete! (Dos campanadas.)

CORO: *¡Acude al llamado de la patria! ¡Que no quede un grano en el suelo!*

YO: ¡Las seis! (Una campanada.)

CORO: *¡Para tomarlo hay que sembrarlo!*

ELLA: Hay que levantarse.

CORO: *¡¡Que no quede ni una caña en pie!!*

YO: ¡Las ocho! ¡Ya son las ocho!

ELLA: Hay que marcar la tarjeta. (Tres campanadas.)

YO: ¡Las once! (Cuatro campanadas.)

ELLA: ¡Hay que acostarse!

YO: ¡Las trece!

ELLA: Hay que pararse.

CORO: ¡¡¡Ochenta mil habaneras al cogoyo!!!

YO: Las catorce. Las diez y cuarenta y nueve.

ELLA: Ay, si pudiera quitarme los zapatos. (Cinco campanadas.)

YO: ¡Las noventa!

CORO: (agitando las manos, optimistas, al público): ¡*Están ustedes entrando en el Plan Monumental del Cordón de La Habana!*

ELLA: ¡Las mil y quinientas!

CORO: ¡¡¡*Comandante en Jefe, Ordene!!!*

YO: ¿Marcaste la tarjeta? (Una campanada.)

ELLA: Dicen que tiene un hijo, pero es viuda.

YO: ¿Echaste el sombrero, los guantes, las botas, el repelente y los cepillos de dientes?

ELLA: Cincuenta, setenta. Seguramente llegaré a los noventa. (Comienza a menearse frenéticamente): ¿Será cierto, será cierto que ha muerto... Mamerto?

YO: Esta es la casa, entremos...

CORO: (como dándoles la bienvenida): *¡Guerra a muerte a los peludos y a los gusanos!*

ELLA: (aterrada y señalando para el público): ¡Mira esa gente! ¡Mira esa gente! ¡Mira esa gente! (Se cubre el rostro con las manos.)

CORO: (señalando para El y Ella y haciendo muecas y burlas): ¡Mira esa gente! ¡Mira esa gente! ¡Mira esa gente!

YO: ¿Qué dijo tu madre?

ELLA: (quitándose el taparrabos y leyendo): «Alta y solitaria, alta y solitaria». (Se pone el taparrabos.)

YO: Es verdad. ¿Pero no dicen que también da cáncer?

ELLA: (quitándose el taparrabos y leyendo): «Las paredes estaban aún pintadas, los cristales protegían, las leyes aún no proclamaban que era un crimen escoger, no escoger. Yo me decía... (Se pone el taparrabos.)

CORO: (todos encorbados y burlándose de ella mientras giran a su alrededor, voz afectada): Las paredes estaban aún pintadas, los cristales protegían aún no proclamaban que era un crimen escoger, no escoger. Yo me decía...

YO: ¡Pero no hay sal!

ELLA: Caminemos.

YO: Sentémonos. (Dos campanadas.)

ELLA: ¡Las siete!

YO: Aquí están los vasos. Un mes. Ha pasado un mes.

ELLA: Es difícil ser siempre la misma persona, ¿no crees? (Retrocede hasta quedar junto a la pantalla.)

CORO: (todos como camareros autoritarios y despectivos): ¡No hay turnos! ¡No hay turnos!

ELLA: Ahí llega, toca, ¿qué podré decirle? (Tres campanadas.)

YO: Marzo, abril, septiembre...

ELLA: ¡Adelante!

YO: (avanzando): ¡Julio! ¡Diciembre!

ELLA: ¿Qué tal? ¿Qué tal? ¿Qué tal? ¿Qué...? (Saluda al público.)

YO: ¡Grandes!

ELLA: ¿No te asfixias?

YO: ¿Apago la luz?

ELLA: ¿Qué dijiste? (Dos campanadas.)

CORO: (tomando los extremos de las sogas y agitándolas como si fueran vaqueros prestos a enlazar una vaca): *¡Hay una reunión! ¡¡Hay una reunión!! ¡¡¡Hay una reunión!!!*

ELLA: Les están saliendo los dientes. ¿Te fijaste?

YO: Completamente de noche...

ELLA (a él): ¡Eso lo digo yo! (Le da una bofetada.)

CORO: ¡Sería en otra reunión!

YO (tono resignado): Sería en otra reunión.

ELLA: Algo se desplomó contra el sillón del portal.

YO: A lo mejor fue un periódico.

ELLA: ¿Así?: pussspachapusspachapussspachachachaaasssptz. Pum. Pum. Pim. (A gritos): ¡Paaaaaaaaaa!...

YO: Entonces fue un insecto.

ELLA: (mira de soslayo al taparrabos, como para estar segura de lo que va a decir): Te espero bajo el aguacero y en la muda algarabía de la navidad prohibida. Junto a la talanquera, te espero. Mirando hacia la sabana, recostada a un taburete. Te espero en esta casa espantosa, oyendo un corrido mejicano. Te espero en la cola de yogurt, en la ciudad cuadrada y oyendo el estruendo de un martillo eléctrico que rompe la calle. ¿Qué más quieres? (Se interpone ante Yo. Larga campanada.)

CORO: (palmeteando a Yo en la cara varias veces): ¿Qué más quieres? ¿Qué más quieres?

YO: (quitándose el taparrabo pero sin leerlo): Verano, verano. ¿No lo sientes fermentar dentro de nosotros? Cómo nos paraliza y nos deja así, en esto que oscila, que suda, que hace un gesto impreciso. (Se coloca el taparrabo.)

CORO: (con voz gutural, brutal y burlesca): Verano, verano, verano... No lo sientes fermentar dentro de nosotros (el coro se menea procazmente, marcan unos pasos de baile.) Cómo nos paraliza y nos deja así (meneos frenéticos): en esto que oscila, que suda, que hace un gesto impreciso. (Los miembros del coro en extraño amasijo ruedan por el suelo, fornican.)

ELLA: (distante y etérea, quitándose el taparrabo mientras el coro fornica en silencio): Te espero entre los sillones sin fondo, junto a la mesa malservida, bocarriba sobre ti, a un costado, contándote los resuellos, mirando esta mano puesta sobre la tuya. ¿Qué más quieres? (Vuelve a interponérsele.)

CORO: (dejando de fornicar y palmeteándole en la cara a Yo): ¿Qué más quieres? ¿Qué más quieres? (Con voz autoritaria mientras lo empujan): Verano, verano, verano...

YO: (levantándose del piso y reanimándose):...Verano, verano, verano... Qué sensación de que no hay tiempo siquiera para fatigarse...

ELLA: (interponiéndose y tomándolo por los hombros): ¡Mírame, háblame, dime al menos que soy el primer y único objeto de tu aborrecimiento, tu condena. Que todo lo demás lo aborreces a través de mí! (Tres campanadas. Ella se pone el taparrabos.)

CORO Y YO: Verano, verano. Qué infernal conflagración. Qué espanto tan aburrido.

ELLA Y CORO: Rurrrrrr... Lo llamo. Él contesta pero no responde.

YO: ¡Hacia la playa!

ELLA: ¡Oh, hijas de Jerusalem! ¡Oh, hijas de Jerusalem!

YO (luego de mirar de soslayo al taparrabo): ¡Eso me tocaba a mí! ¿Oíste?

ELLA: Tú me odias, dime que me odias, prométeme que me odias, consuélame, diciéndome que me odias.

YO: ¡Qué vida!

ELLA: ¡A mí me tocaba decir eso!

YO: Repítelo.

CORO: ¡No hay turnos, no hay turnos! ¡Y el que saque la cabeza se la cortamos!... (Hace piruetas y contorsiones con las sogas.)

ELLA: Me detesta tanto que ni siquiera ha pensado en aborrecerme. Así es que dependo absolutamente de él.

CORO: (ahora verdaderamente enfurecido): ¡¡¡No hay turno, la lucha es sin cuartel y el que saque la cabeza se la cortamos!!!

YO (a ella): Vendré después de la katatimtimpompa, ¿quieres ir?

ELLA: Y como su desprecio es invariable, mi amor, naturalmente, (al público) es progresivo. (Dos campanadas.)

YO: Buenas noches, ¿cómo has pasado el día?

ELLA: Deja de hablar y háblame... Bien, bien, bien.

YO: Dicen que sacaron refrescos en la esquina, pero no lo puedo creer, debe ser una bola.

CORO: (de manera atropellada, mecánica y violenta, como si le hubiesen dado cuerda o algo en su mecanismo se hubiese descompuesto y no pudiera ahora detenerse): *¡No hay turnos! ¡La lucha es sin cuartel! ¡Todos a la recogida de cujes a Pinar del Río! ¡Comandante en jefe ordene al* cogoyo! *¡Patria o Muerte! ¡Mi casa limpia y bonita sin lumpen ni mariquita! ¡Ya llegamos al millón de posturas de tamarindo, que se vaya la plebe y toda la juventud a Camagüey por tres años! ¡Ordene! ¡Gran vivero provincial! ¡Diez mil millones, novecientos mil millones, a la carga final, guerra a los peludos, que no quede un grano, en pie de guerra, al cogollo, al degüello, y el que saque la cabeza se la cortamos!* (Como si la cuerda se les hubiese acabado se detienen súbitamente, quedando paralizados como verdaderos maniquíes.)

ELLA (avanzando por entre los maniquíes): ¿Qué será de la gente a quinientos kilómetros del mar?

YO: En esta Isla ya no hay mar. En la prisión...

(Los maniquíes al oír la palabra *prisión* abren los ojos, hacen algunos gestos de asombro.)

ELLA: En la prisión ningún gesto es auténtico. Todo obedece a un reglamento. Aun la violencia, el delirio, la remota esperanza y la muerte.

CORO: (dejando de ser maniquíes se agacha alrededor de El y Yo, las manos en las orejas, tratando de oír sin ser visto lo que ellos dicen).

YO: Flotando en la penumbra, de espaldas, frente a un muro, y detrás otro, y más allá...

CORO: (emite un gruñido.)

ELLA: En la prisión toda intención es anulada. Si alguien habla es el carcelero, o el aspirante que lo parodia. Él dice que estamos bien. Él dice que nadie quiere salir de la prisión. Que nos sentimos orgullosos y felices. Si un preso habla, no es el preso el que habla, sino el carcelero a través del preso. Cuando alguien muere nunca es el carcelero, sino el preso. Y fuera de la prisión nadie quiere creer que existe la prisión. Nadie quiere ensuciar sus bellas y libres conciencias. ¿Mierda? Se tapan la nariz. No huele tan mal, ¿verdad?

(El Coro se arrastra despacio y sigiloso detrás de Yo y Ella.)

YO: ¡De tamarindo! ¡De tamarindo! (Campanada rápida.)

ELLA (hacia el Coro): Míralos moverse, gesticular, avanzar. No existen: No pueden salir. (Hacia el público): Míralos, miranos...

YO: Pañales y más pañales llegando hasta la luna... Todos cagados.

ELLA: ¡No tenemos mar! ¡No tenemos mar!

YO: ¡De tamarindoooooooo! (Toca en la espalda de ella como si fuera una puerta.) Tun, tun, tun, tun.

(La pantalla adquiere una luminosidad amarilla e intensa.)

ELLA: Y qué luna tan enorme, enorme. Llamándome.

CORO: (siempre arrastrándose emite dos gruñidos.)

YO: ¡Cigarros! ¡Rodemos los sillones! Le faltan las pilas.

CORO: (un gruñido.)

ELLA: Un motor en el mar que no es mar, haciendo las señales. Un disparo.

YO: ¡Pum!

CORO: ¡Pum! ¡Pum! ¡Pum!

ELLA: Se ha dormido. (Doce campanadas, luz lunar.)

YO: (avanzando hacia la pantalla con los brazos en alto): Y que luna, y qué luna, enorme. Llamándome. Haciéndome ver.

(El Coro, siempre en el suelo, imita el largo aullido de un perro.)

ELLA: ¡Para el año que viene! (Salta por entre el Coro que suelta un corto gruñido.)

YO: ¡Para junio! (Salta por entre el Coro que emite dos gruñidos.)

ELLA: ¡Para marzo!

(El Coro emite un corto gruñido.)

YO: ¡Para enero!

(El Coro emite un corto gruñido.)

ELLA: ¡Para agosto!

YO: ¡Para mayo! ¡Para julio! ¡Para febrero!

(El Coro, dos gruñidos y un ladrido.)

ELLA: ¡Para! ¡Para! ¡Para!... (Le pone un dedo en la boca a Yo.) ¡Para siempre! (Le quita el dedo de los labios.)

(Coro, un gruñido y tres ladridos. Siempre arrastrándose hace el ademán de morderle los tobillos a Ella y Yo.)

YO: ¡Para abril!

(El resplandor lunar de la pantalla se hace aún más intenso. El Coro emite un largo aullido, pero humano.)

ELLA: Y la luna, mirándome, contemplándome, haciéndome ver: desnuda, abandonada, cargada de pañales, lejos de ella, tan lejos, tan lejos; que aunque me habla, ¿me llama?, nada entiendo... Tan lejos de ella. Ya... (Seis campanadas rápidas.)

YO: ¡Para el treinta de... febrero!

(Coro, varios ladridos histéricos.)

ELLA (al público): ¿Qué dicen? (A Yo): ¿Qué estás diciendo?

YO: ¡Qué dicen que sacaron refrescos en la esquina! ¿Será posible?
ELLA: «Hermelinda Conejeros»... Que nombre tan raro, ¿verdad?... Pero, ¿se escribe con H?

YO: ¡Rurrrr, rurrrrrrrr, rurrrrrrrRRRRRRRRR!...

CORO, ELLA, YO: ¡RURRRRRRRRR!...

(Mientras se escucha el potente, rurrrrrrr la pantalla se apaga. Oscuridad absoluta. Dentro de esa tiniebla comienza al acto IV, *El Reprimero*.[1])

---

[1] En caso de que se quiera conceder un intermedio, se recomienda que el mismo tenga lugar inmediatamente después del acto III.

EL REPRIMERO

ACTO CUARTO

Título:
El Reprimero.

Personajes:
El Reprimero.
El acusado (antiguo *Yo*.)
La acusada (antigua *Ella*.)
Dos perros.
Dos soldados.
La secretaria del tribunal.
El Fiscal General.
El ujier.
El abogado de la defensa.
Dos verdugos.

Los actores que se utilizarán en este acto han de ser sólo cinco, ya que los perros harán también de soldados, de ujier, de secretaria del tribunal, de abogado de la defensa y de verdugos; el Reprimero también interpretará el papel de Fiscal General.

Todas estas transmutaciones se señalarán en el momento indicado.

Escenario:

El mismo del acto anterior. La pantalla proyectará en foto fija, blanco y negro, la imagen, borrosa, irreal, lejana, de una playa y del mar.

Efectos:

Al emitirse el potente rurrrr, rurrrrrrr del acto III, todas las luces se apagan. De entre la oscuridad total y por todos los sitios (incluyendo los asientos donde están los espectadores), saldrán ladridos, disparos, chiflidos, gritos de ¡*ataja!*, bocinas de carros patrulleros, disparos; la puerta de entrada del teatro es cerrada con violencia. «Nadie se va a escapar», grita alguien desde el fondo de la sala. Se acrecienta y confunde el enorme estruendo de la persecución. Se enciende el escenario. Silencio. Tema musical atropellado. Un hombre y una mujer (supuestos fugitivos, acusado y acusada), portando los mismos taparrabos que en el acto III pero sin las sogas, están en cuclillas, tiritantes, apretados uno junto al otro tras la palmera. Entran, enfurecidos, los perros seguidos por El Reprimero, que los lleva atados por el pescuezo con dos potentes sogas –estas sogas habrán de ser las mismas que Ella y Yo llevaban en el acto anterior– de las cuales tiran... Los perros (ahora ladran violentamente) estarán representados por dos personas de mediana edad; visten pobremente, zapatos rotos (aunque también pueden estar descalzos), pantalones de mezclilla, camisa de trabajador. Son un hombre y una mujer; pero en estos momentos caminan en cuatro patas, olfatean, rastrean, ladran. Son perros. El Reprimero ha de ser un personaje caricaturesco,

Persecución

imponente y a la vez ridículo; aunque está vestido de militar, habrá de portar algún detalle folclórico; ostenta, además, innumerables medallas, botas de campaña, sobrecapa y gorra, sobre ésta, un sombrero también con algunas medallas; banda transversal, insignias, catalejo, espejuelos para el sol que se pone y quita frecuentemente, leontina, plumas, varios relojes, cantimplora y naturalmente cartuchera y pistola.

Ahora los perros tiran de las sogas, ladran y aúllan. Han descubierto a los fugitivos.

REPRIMERO (acercándose a los prófugos y mandando callar a los perros): ¡Ah, conque se querían marchar! ¿No? ¡Así que querían salir ilegales del país! ¿Sí?... ¡Conque querían irse en una lancha! ¿Eh?... ¡Conque querían pasarse al enemigo poderoso! ¡Ja! (ladridos furiosos y amenazantes de los perros que enseñan los dientes. El Reprimero los manda a callar y prosigue su discurso): ¿Así que son ustedes un par de traidores al servicio del enemigo? ¡Así que son ustedes un par de agentes! ¡Así que son ustedes los cabecillas de una enorme conspiración! ¡Así que son ustedes los jefes máximos de una guerra imperialista!... Así que ya lo tenían todo organizado. Irse. Regresar. Invadir estas tierras de libertad. ¡Matarme! (Se golpea el pecho frenéticamente.) ¡Acabar con la paz y el progreso! ¡Acabar con la igualdad! (Tira furiosamente de los perros que se incorporan convirtiéndose en dos soldados, hombre y mujer. Rodean al Reprimero, victorean y aplauden. Efectos. Se oirá el enardecido estruendo de una multitud aplaudiendo. Gritos militares de «¡Hurraaaaa!»; cerrado estruendo de aplausos. Ovación)... ¿Qué sucede ahora?...

Bueno, si son aplausos está bien. ¡Muy bien! (tono y porte serios y dignos, paseándose con lentitud.) ¡Todos tienen aquí el derecho a aplaudir! (Furioso y heroico) ¡A nadie se le va a quitar ese derecho! ¡Oíganlo bien! ¡A nadie se le va a arrebatar, a usurpar, a ultrajar, a pisotear, a distorsionar, a cancelar, a vejar, a negociar, a silenciar, a modificar, a inspeccionar, a retirar ese derecho!... (a cada palabra de las anteriormente pronunciadas dará una enorme zancada y mirará en actitud de alerta de combate hacia todas partes, girando siempre alrededor de los prisioneros que permanecen en cuclillas, abrazados y tiritantes. Los militares irán detrás del Reprimero, imitándolo en todos los gestos y pasos, pero sin hablar, aunque abren y cierran la boca. El Reprimero se detiene ahora junto a los prisioneros. Los soldados alertas, también se detienen tras él. El Reprimero se dirige inquisitivo y con desprecio hacia los detenidos.) Ustedes representan la escoria, el pasado bochornoso. Nuestra juventud sacrificada, nuestros trabajadores infatigables, nuestros heroicos soldados (señala hacia los soldados), nuestras ancianas y ancianos, mujeres y niños los desprecian. (El Reprimero hace una señal de contención a los soldados que intentan golpear con las sogas que llevan al cuello a los prisioneros.) ¡Pero no! ¡No! No nos vamos a dejar llevar por la pasión revolucionaria. Seremos, como siempre, objetivos, serenos, seremos, como siempre, justos. Nuestra justicia, nuestras conquistas, son hechos irreversibles (tira enfurecido de los soldados que otra vez se habían vuelto perros y olfateaban, en cuatro patas, los traseros de los fugitivos. Inmediatamente los perros se incorporan, como soldados.) Nuestra Revolución tiene la fuerza moral y esa le basta para ser justa. De manera que ustedes (mira para los fugitivos) serán juzgados con todas las garantías, la serenidad, la igualdad y la equidad, la legalidad (se vuelve para los soldados): ¡Algo que termine en *dad*, cojones!

SOLDADO-HOMBRE: Imparcialidad.

REPRIMERO: ¡La imparcialidad!

SOLDADO-MUJER: Verdad.

REPRIMERO: ¡La verdad!

SOLDADO-HOMBRE: Normalidad.

REPRIMERO: ¡La normalidad!

SOLDADO-MUJER: Autoridad.

REPRIMERO: ¡La autoridad!

SOLDADO-HOMBRE: Antiambigüedad.

REPRIMERO: ¡La antiambigüedad!

SOLDADO-MUJER: Antitotalitaridad.

REPRIMERO: ¡La an-ti-to-ti-ta-toli-to!... ¡Eso es muy largo! ¡Ya es suficiente! Al grano. Que de ustedes (mira a los prisioneros) lo sé todo. ¡Todo! ¡Del pe al pa!

LOS DOS SOLDADOS (marchando militarmente, piernas bien levantadas, frente al Reprimero y junto a los acusados): ¡Pa! ¡Pa! ¡Pa!

REPRIMERO: ¡Y del pa al pe!

SOLDADOS (las mismas maniobras): ¡Pe! ¡Pe! ¡Pe! ¡Pe! ¡Pe!...

(El soldado-mujer se transforma ahora en secretaria del Gran Tribunal; el soldado-hombre, transformado en ujier, le coloca al Reprimero los atuendos típicos de un fiscal (con algunas anacronías), toga manto, martillo, birrete, gran bastón, cetro, una vara de bambú, collares, una lanza, un espejo de tocador, una bola del mundo, una balanza, tablas de la ley, una campana, dos cencerros, un escudo, una mesa portátil, un inmenso cartapacio lleno de papeles que desparrama a su alrededor; finalmente, le engancha un mantón negro y otros espejuelos para el sol. Ya con todos esos andariveles, el fiscal —antes Reprimero— golpea fuertemente con el martillo sobre la mesa portátil.)

FISCAL: ¡Queda abierta la sesión o vista del juicio!

SECRETARIA DEL TRIBUNAL (tomando un papel del suelo y leyéndolo rápidamente): ¡Siendo las diecisiete del día veintisiete, hora del verano reprimerísimo, se procede a investigar, arrestar, encarcelar, procesar y condenar, al ciudadano Carmelo-Melástrago, por atentado a la seguridad estatal y al poder popular, al habérsele encontrado, en el registro practicado, tres latas de leche evaporada, una silla sin fondo, una bolsa de cemento blanco, una lata de pintura, cuando de acuerdo con lo normado y el Plan General de...

REPRIMERO: ¡Basta! Ese no es el caso que nos ocupa.

UJIER: Ese fue el viejo acaparador que fusilamos la semana pasada.

SECRETARIA DEL TRIBUNAL (tomando al azar otro papel del piso y leyendo rápidamente): Siento las tres de la tarde del 73 verano reprimero, Gran Día, acápite siente del siete menos siete por dos siete, se procede a resusitar, encausar y arrestar, condenar y volver a fusilar, no sin dejar de interrogar y retractar, al ciudadano Juan Clemente Zenea, condenado *ad infinutus* y sin la triple rectificación-doble más el contrapeso de los cargos, por el delito de alta traición contra el poder de la nación y...

FISCAL: ¡Basta! ¡Basta! Ese no es el caso que nos ocupa hoy.

UJIER: Ese fue hace tiempo. ¡Fo! Cómo apestaba.

SECRETARIA DEL TRIBUNAL (tomando otro papel y leyéndolo más rápidamente): Siendo las nueve de las nueve, faltando un octavo para las catorce, hora siempre de primavera reprimera, se procede a la búsqueda sin descanso y sin fatiga del ciudadano Julián del Casal por haberse descubierto ante denuncia aquí presentada por los altos héroes José Antonio Portillohondo y Alfredo Güeva-Avara, que declararon a lo concerniente a la mancilla de nuestra patria noble, cita del susodicho criminal: «Suspiro por las regiones / donde vuelan los alciones / sobre el mar...» Lo cual, de acuerdo con la Ley Fundamental, es un grave delito de Diversionismo Ideológico, sobre el que pesan como graves agravantes y gravámenes los gravosos crímenes de agravio, lamento, reacción y contrarrevolución, fatalismo y pesimismo, diversionismo, asimismo...

FISCAL: ¡Basta! ¡Basta! Ese tampoco es el caso que nos ocupa hoy.

UJIER: ¡Claro que no! Ese es el bandolero que aún no hemos podido capturar. ¿Dónde andará?...

(El fiscal agita uno de los cencerros.)

SECRETARIA DEL TRIBUNAL (tomando otro papel): ¡A las veinte del día veinte, celebrando el gran veinte, en el veinte aniversario de la gran rebelión y de la gran liberación, se procede a denunciar, vigilar, arrestar, condenar y ejecutar al ciudadano Roberto Blanco, quien, burlando el acápite número 14 de la ley número 27, del código de defensa h-70, serie a-b, de la protección de la familia revolucionaria que dice «aquel que mirase a otra persona de su sexo fijamente será condenado a...»

FISCAL: ¡Ya! Ese tampoco es el caso que nos ocupa.

UJIER (a la secretaria): ¡Bruta! Ese era el degenerado sexual que ayer de antier cogimos en la guagua-no-guagua, mirando a uno de nuestros héroes en forma descarada y fija. ¿No te acuerdas que cuando le practicamos el registro patrio y legal no llevaba puesta la plaqueta monacal? ¡Ni el carné de reserva permanente-militar!, ¡ni el anillo marita!, ¡ni el sello laboral!, ¡ni la estrellita moral!, ¡ni el gallardete social!, ¡ni la malla sexual...!

SECRETARIA DEL TRIBUNAL: ¡Sí! ¡Sí! ¡Ni la chapa educacional! ¡Ni el galardón transversal! ¡Qué inmoral! Una verdadera escoria. Y cómo gritaba cuando era conducido al paredón justicial. (Escupe.)

REPRIMERO (agitando dos cencerros): Silencio. Y al grano.

SECRETARIA DEL TRIBUNAL (tomando otro papel): ¡Siendo las 33 de la mañana, hora fija de labor de un 95 aniversario de nuestra gran independencia general, se procede a arrestar, encausar y condenar por alta traición, sabotaje y conspiración al señor Manuel Granodado quien estando en su central designado –su centro de trabajo– abandonó mocha, guante y plantón, y sin más se fue hasta una de las guardarrayas dizque hacer necesidad imperiosa y personal, poniendo así (pasa una mano rápidamente por su trasero) la necesidad de la patria por debajo de su necesidad personal. Comprobado pues que se trataba de un alto y grave delito de lesa-patria, concerniente a lo predicho, incluyendo lo de arriba, lo de abajo y lo del medio constatado, en el caso unánimemente, ventilado y evacuado...

FISCAL: ¡Basta!

UJIER: Otro que ya fue juzgado. ¡Estúpida! ¿No te acuerdas que hasta última hora se negó a aceptar los cargos? Hasta que se le aplicó el afilador-mental...

(El fiscal se ve aún más furioso. Durante todo este tiempo, los acusados, sentados en el suelo uno junto al otro, permanecen como distantes y fatigados.)

SECRETARIA DEL TRIBUNAL (agitando triunfalmente un largo papel): ¡Aquí! ¡Aquí está!... (Con voz grandilocuente comienza a leer de carretilla): ¡Acabando de dar las 97 horas patrias, del 67 aniversario del año heroico del asalto grandioso, guiado por nuestro Gran Guía, ejemplo luminoso, héroe, jefe máximo, maestro y padre único, máximo líder y primer secretario, primer ministro, primer comandante, jefe del estado, presidente de las repúblicas, y del consejo de gobierno, del consejo de ministros, del consejo de estado, de la Internacional Democrática, de la Tricontinental y de la intercontinental, de las provincias y de los municipios, de los aliados y de los no aliados, jefe de la paz y de las fuerzas armadas, Ministro de Cultura y Ministro del Interior, Ministro del Exterior, Ministro de Educación, Ministro de Justicia, Ministro de Agricultura, Ministro de Comercio, Ministro de Salud, Jefe del Buró de Orientación de la Moda y crítico de arte!...

FISCAL (temeroso al ujier):¡La pesca! ¡¿No mencionó la pesca?!...

SECRETARIA DEL TRIBUNAL (nerviosa y apurada): ¡Ministro de la Pesca y de la Caza!... ¡Del mar y del aire! Jefe máximo del Partido y de la Revolución! ¡Comandante en Jefe! Nuestro querido hermano, padre, compañero único, gran libertador, sencillo, modesto. ¡Gran Reprimero!... (Aplausos. Se oye el estruendo de la multitud enardecida, es como el rugido de una selva. Se oye también un himno, un canto coral, cornetas, un aullido operático, trompetas, dianas, marchas de guerras, ¡hurras!, ahogados gritos de *¡viva!, ¡viva! ¡viva el gran Reprimero!* Ovación cerrada. El fiscal, convertido momentáneamente en Reprimero tiene que alzar los brazos y, echando las piernas hacia adelante como quien realiza una cópula frenética y profunda, da la orden de silencio. Se oye un *¡ahaaááá!* prolongado, como producido por un espasmo colectivo. Inmediatamente, silencio... El Reprimero se convierte otra vez en Fiscal.)

FISCAL (a la secretaria): ¿Por dónde andábamos?

SECRETARIA DEL TRIBUNAL: Analizábamos el caso del acaparador Francis Drake...

UJIER: Ese fue el que se llevó la libra de manteca envuelta en una frazada de trapear. Ya fue ajusticiado, ¿no te acuerdas?, junto con el que falsificaba libretas de racionamientos...

SECRETARIA DEL TRIBUNAL (autoritaria): ¿De racionamiento? ¡De abastecimiento querrá usted decir, compañero!...

FISCAL: ¿Qué ocurre? ¡Qué pasa ahora! Ya era tiempo de que el juicio se hubiese celebrado y la sentencia ejecutada.

(Transformándose en Reprimero): Vamos, rápido. Aún me falta por inaugurar un campo deportivo, una escuela al campo, una granja de rehabilitación, un puente, seis cárceles, 22 unidades militares, un círculo social, un zoológico, dos represas, siete museos de la revolución, once campos de trabajo, tres colinas Lenin, nueve estaciones de policía, tres cementerios y un manicomio, además de la nueva Escuela Nacional del Partido... ¡Hasta los muertos me están esperando!... (Ya como fiscal): Bueno, vamos a ver, qué pasa con los acusados (para sí mismo, pero en voz alta): ¡Par de hijos de puta!...

SECRETARIA DEL TRIBUNAL: ¡Acabando de dar las 97 horas patrias, del 67 aniversario del año heroico del asalto grandioso, guiado por nuestro gran guía, ejemplo luminoso, héroe, jefe... (El fiscal hace un gesto con las manos, indicándole que salte un poco el nombramiento de los infinitos títulos)... Dos individuos de sexos distintos fueron capturados en el momento en que se lanzaban al mar en una nave clandestina y pirata con la intención de abandonar ilegalmente la patria, traicionando así nuestra gloriosa emancipación, intentándose pasar al campo enemigo, siendo por lo tanto dos traidores al servicio del imperialismo, ¡dos traidores y un par de agentes! Entre las pruebas evidentes de la alta traición cometida contra el pueblo y sus poderes por los agentes criminales se encuentra, en primer plano y perfectamente codificado, el *rurrr rurrrr*, que el vehículo de ambos agentes traidores al servicio del imperio emitía. Vehículo que aunque desaparecido alevosamente por los susodichos criminales no deja por tanto, sino por lo contrario, de ser prueba evidente de la alta traición perpetrada por los criminales agentes. Esta desaparición intencionada del artefacto culpable intensifica la culpabilidad de los culpables y del delito culposo, demostrando que todo el hecho había sido minuciosamente planificado y premeditado y dando testimonios irrefutabes de alevosía en el crimen de lesa-patria en los apátridas, además de espionaje, complot, conspiración, traición y contacto con el agente enemigo proveedor de la nave traidora que venía, también, evidentemente a mancillar y sabotear nuestra sagrada soberanía. Soberanía que...

FISCAL: ¡Cállate ya! ¡Traigan a los acusados!

(La secretaria y el ujier se transforman en dos soldados. Repitiendo *pa pa pa* y *pe pe pe* marchan marcialmente alrededor del fiscal. Se detienen frente a los acusados y los empujan hacia el fiscal. Los acusados intentan ponerse de pie, pero los soldados, tomándolos por los hombros los obligan a permanecer en cuclillas.)

FISCAL (inflado y con gesto magnánimo al público): Este tribunal en nombre del pueblo y ante la evidencia de los monstruosos hechos, los considera, naturalmente, culpables de un delito de alta traición contra los poderes del Estado, la patria y el pueblo (da un giro de noventa grados y vuelve a colocarse frente a los acusados) ¡No obstante, con la magnanimidad que es característica de nuestra justicia, les otorga a los criminales plenas garantías y derechos para su defensa! (A los prisioneros) ¿Tienen algo que objetar? Cuentan con todas las libertades para expresar lo que deseen. (Silencio.)

ACUSADO (tratando de incorporarse): Bueno, yo...

FISCAL (empujándolo por los hombros y sentándolo en el suelo): ¡Insolente! ¡Cómo se atreve a injuriar a este tribunal; ¿Cómo, olvidado que le hemos dado plenos derechos para el ejercicio de su defensa, osa injuriar a nuestro pueblo con esa actitud, con *esa frase* absolutamente egoísta, individualista, egocentrista, contrarrevolucionaria y criminal: «*yo*». ¿Así que «*yo*»?, ¿eh? No piensa en los demás. ¡No piensa en los millones de mártires anónimos diseminados por todo el orbe! ¡No piensa en los millones de obreros sacrificados! ¡Nuestras magnánimas labradoras! ¡Nuestros virtuosos tractoristas! ¡Nuestras abnegadas ordeñadoras voluntarias! ¡Nuestras combativas milicianas! ¡Nuestras ochocientas mil mujeres recogedoras de cogoyo, nuestras tres millones trescientas cuarenta y tres mil veintitrés federadas dedicadas a la inseminación artificial, nuestros dos millones ochenta soldados diseminados por el globo, nuestras quinientas mil donaciones voluntarias de sangre, nuestros cuatrocientos mil dos corazones y demás órganos internos ya donados y depositados en los bancos pertinentes por nuestro pueblo trabajador muerto repentinamente; nuestros dos millones setecientos mil veinticuatro jóvenes en la escuela al campo, nuestro ejército de paracaidistas, nuestro ejército de pescadores, nuestros batallones unánimemente empeñados en la campaña nacional de desratización ¡Nuestros infatigables guardafronteras! ¡Nuestros cazadores de cocodrilos!... ¡Criminal! Todos sacrificándose voluntariamente, y usted como si nada, aún tiene la insolencia de decir «yo»...! ¡Criminal! Disfrutando del sacrificio de los demás, del sudor de los otros, sin hacer nada; diciéndose «a mi plin»...

(El fiscal hace un alto. La secretaria y el ujier que en estos momentos son dos soldados, desfilan marcialmente frente a los acusados y el fiscal; rostros firmes, agresivos y amenazantes, pie alzándose rápidamente y cayendo con fuerza en el piso.)

LOS DOS SOLDADOS (marchando): ¡Plín! ¡Plín! ¡Plín! ¡Plín! ¡Plín!... (produciendo ese sonido giran amenazantes alrededor de los acusados. Terminada la ceremonia se convierten en ujier y secretaria.)

FISCAL (mirando inquisitivamente a los acusados): *¡Plin!* ¿Eh? ¿Así que *Plin*, eh?... Todo eso lo tendremos en cuenta a la hora de dictar sentencia... Y ahora prosigan con su defensa... *¡Plin!* ¡Ja!

ACUSADO: Bueno, entonces...

FISCAL: ¡Cómo! ¿Qué está diciendo? ¡Ya esto sí que es el colmo! ¡Jamás pensé en tal atrevimiento! ¿Así que «*entonces*»? ¿Eh? *¡Entonces!*... ¡Qué bonito!... ¿Eh? ¿Así que está usted usando para su defensa el pasado bochornoso?: «*¡Entonces!*»... No tiene usted en cuenta lo extremadamente generoso que ha sido este tribunal al darle plenos derechos para su defensa, y lo insulta impunemente, ¡descaradamente!, socabando además sus principios filosóficos y sus conquistas mundiales... ¡Pero no podemos permitir! (se dirige al público) ¡No podemos permitir que un elemento de esta calaña logre confundirnos! ¡No permitiremos jamás el regreso de ese pasado bochornoso! ¡Por eso mismo condenamos enérgicamente ese pasado, condenamos abierta y valientemente todo intento de regresar al mismo! ¡Una expresión como *«entonces»* sólo puede ser un arma del enemigo poderoso que quiere minar nuestros logros y el avance indestructible de nuestros gloriosos principios siempre a la vanguardia y en el seno de esta grandiosa humanidad que ha dicho *¡Basta!* ¡y ha echado a andar...! ¡Por eso no vamos, ¡no!, a tolerar ninguna blandenguería! ¡No vamos a permitir, ¡no!, que los débiles, los flojos, los titubeantes, los reblandecidos...! (mira para el ujier, a fin de que éste lo ayude a proseguir con su discurso.)

UJIER (siempre en voz más baja que la del fiscal): Los niños bitongos.

FISCAL (en alta voz): ¡Los niños bitongos!

UJIER: Los tambaleantes.

FISCAL: ¡Los tambaleantes!

UJIER: Los confusos.

FISCAL: ¡Los confusos!

UJIER: Los descontentos.

FISCAL: ¡Los descontentos!

UJIER: Los piernasflojas.

FISCAL: ¡Los piernasflojas!

UJIER: Los maricas.

FISCAL: ¡¡Los maricas!!

UJIER: Los peludos.

FISCAL: ¡¡¡Los peludos!!!

UJIER: Los parásitos.

FISCAL: ¡Los parásitos!

UJIER (mirando al Fiscal): Los piernas-abiertas.

FISCAL (cerrando inmediatamente las piernas): ¡Los piernas-abiertas!

UJIER (mirando al Fiscal): Los extravagantes.

FISCAL: ¡Los extravagantes!...

UJIER: Los enemigos del pueblo, de la libertad, los confundidos y los delincuentes, la escoria, la plebe, la crápula, los homosexuales, los asexuales y los sensuales, los negros libertados que no obstante se niegan a trabajar día y noche, los infieles, los egoístas, los miserables; los bajos, por falta de grandeza; los gordos, por exceso, (el ujier camina por la sala y empieza a señalar al público), los flacos por defecto; los rubios por extranjerizantes; los trigueños, por chovinistas; los que se visten estrecho, por feministas; los que se visten de ancho, por extremistas; los que se pelan al rape, por exhibicionistas; los que no se pelan, por antisociales; los que no se abotonan el último botón de la camisa por inmorales; los que se abotonan el último botón por prochinos; los que se visten de blanco por testigos de Jehová; los que se visten de negro, por fatalistas y católicos; los que se visten de azul, por ser de Yemayá; los que se visten de rojo, por ser de Changó y de Santa Bárbara; los que se visten de amarillo, por despreciativos; los que se visten de varios colores, por confusionistas; los que usan sandalias, por mariquitas; los que se dejan las uñas largas, por abakúa; los que se cortan las uñas a rente, por jamoneros; los que usan espejuelos, por espías; los que no usan espejuelos, por espías que quieren despistarnos; los que...

FISCAL (convirtiéndose en Reprimero): ¡Para, coño, que todavía tengo otros eventos...! (agita uno de los cencerros. Silencio. Se convierte otra vez en Fiscal.) ¡Bien! Habiendo, pues, escuchando las palabras de los acusados, demos paso a la defensa. (Señala para el ujier que irá transformándose en abogado de la defensa en tanto que el fiscal termina su discurso.) Una vez más le recordamos al abogado de la defensa (le lanza una mirada siniestra) que su deber es defender a su cliente, aún cuando se trate, como en el caso que nos ocupa, (mirada aún más siniestra a la defensa), de criminales sin escrúpulos y enemigos del pueblo.

(Al terminar el Fiscal, el ujier se ha transformado completamente en abogado de la defensa. La secretaria lo ha provisto de toga y manto negros, cartapacios, códigos, y otros andariveles del oficio. El abogado defensor hace ya una reverencia ante el fiscal y comienza su defensa.)

ABOGADO DE LA DEFENSA: Compañero respetable y valeroso fiscal, respetables y admirados señores del jurado (mira al público, reverencia); respetable y querido compañero presidente del gran jurado, admirados y valerosos soldados aquí presentes; ah, y también los otros, los que están guardando nuestras fronteras, allá, ausentes... ¡Qué digo! ¿Ausentes? ¡¡Presentes también!! ¡Sí, presentes en nuestra memoria ferviente...! ¡Soldados abnegados, sacrificados, gloriosos, valientes, soldados invencibles! ¡Soldados! (Se golpea fuertemente el pecho, imitando en gestos, palabras y demás detalles al Reprimero. En tanto, la secretaria, convertida en soldado, marcha marcialmente por el pasillo central del salón a ambos lados del público.) ¡Soldados valientes y arrojados! ¡Viriles soldados que han hecho posible esta libertad! ¡¡Soldados que bajo cualquier circunstancia...!! (A una señal de contención hecha por el Fiscal al abogado, el soldado se convierte en secretaria nuevamente y la defensa bajará el tono de su discurso retomando el ritmo de un jurisconsulto de oficio... Humildemente, con gestos pensativos, da unos pasos por el salón, las manos en la espalda, muy serio. Finalmente se detiene frente al escenario y se dirige al público): Señoras y señores, compéleme hoy el cometido, la responsabilidad, la tarea, penosa por cierto, (sube el tono) de hacer la defensa de ¡dos asesinos! (gira alrededor de los acusados y los señala.) ¡Tengo que hacerle la defensa a dos criminales! ¡A dos traidores! ¡A dos enemigos del pueblo! ¡A dos alimañas! ¡A dos fieras! ¡A dos bestias!...

SECRETARIA (acercándose con una lista de epítetos injuriosos se coloca detrás del abogado de la defensa y lee): A dos viles.

ABOGADO DE LA DEFENSA: ¡A dos viles!

SECRETARIA: A dos agentes del enemigo.

ABOGADO: ¡A dos agentes del enemigo!

SECRETARIA Y ABOGADO DE LA DEFENSA (los dos a la vez): ¡A dos cerdos! (Giran alrededor de los acusados, señalándolos) ¡A dos cobardes! ¡A dos asesinos a sueldo! ¡A dos monstruos!

(La secretaria vuelve a su puesto. El abogado continúa solo su discurso.)

ABOGADO DE LA DEFENSA: Las pruebas son inobjetables. El mismísimo Reprimero oyó el *rurr rurr*. ¡Quién pues sería capaz de rebatir ese cúmulo de acusaciones irrebatibles? Acusaciones que emanan, manan y dimanan de la mismísima fuente reprimerísima. (Mira para el público y para el Fiscal que permanece impotente.) ¡Nadie! ¡Nadie en su sano juicio puede refutar tales pruebas! ¡Yo, pues, (se vuelve a golpear el pecho) como abogado de la defensa y ciudadano de este país libre y soberano, exijo la pena máxima para los bandidos! Yo (se golpea el pecho), yo, que voy a cuanto trabajo voluntario se me ordene, yo que no falto a ninguna guardia, tanto a nivel de centro como a nivel de cuadra, como a nivel de batallón; yo, que he recogido café, algodón, papas, malanga y tomate, que he cortado caña, marabú y eucaliptos, yo que no he fallado en ninguna jornada, que no he dejado de ir a ningún corte, que no he pasado por alto ninguna recogida, que he participado en todas las reuniones del Comité de Cuadra, del Comité de Barrio y del Comité de Zona, de la Zonal y del Batallón, del Sindicato y del BOM; soy especialista en abrir trincheras; soy también miembro de las milicias populares y de la civiles, de las militares y de las territoriales. Ah, también formo parte del Consejo de Vecinos, presido un círculo de estudios y un Comité de Defensa, dirijo los debates semanales a nivel de cuadra, y, como cuadra, soy cabo de una escuadra; dono sangre cada tres meses, y ya he oficializado mi disposición voluntaria de donar, en caso de muerte súbita, todos mis órganos y tejidos vitales... También soy miembro activo del Poder Popular, formo parte del consejo de dirección de mi centro, he sido guardacosta y soy vigilante de cine, trabajo también voluntario en la estación de policía cercana y en la Dirección Nacional de Identificación. Soy guardaparque y pertenezco a una brigada de primeros auxilios. A nivel provincial recojo botellas vacías, cartuchos y otros envases útiles. Ah, también pertenezco al comité anti-lacras sociales. Soy... (a un gesto furioso del Fiscal que lo compele a que termine su apología y sintetice, el abogado de la defensa se detiene, y prosigue luego más lentamente.) Todo esto que soy me ha hecho ver muy claro. Me ha dotado de una lucidez política muy clara, que me hace ver claro, ¡que me hace ver clarísimo que a estos criminales hay que ejecutarlos! Pero en mi condición de abogado de la defensa, y de acuerdo con el acápite que así lo estipula, pido se les conceda a los delincuentes la oportunidad de la rectificación, que el estado con su compasión y bondad infinitas les permita su rehabilitación, que no se les niegue la dicha de participar en esta sociedad luminosa y plena, que no se nos pueda llamar injustos que nuestra magnanimidad sea tan magnánima que le ofrezca a estos esbirros la alternativa de una posibilidad: la dicha de integrarse a nuestra nueva sociedad libre y plena. Convirtamos, pues, este juicio en una maravillosa velada. ¡Viva el partido unido, único, monolítico y democrático! ¡Viva la paz! ¡Viva nuestro guía y maestro, nuestro gran comandante y jefe, nuestra primera ordenanza! ¡Nuestro primer primer y viceprimer superprimer Reprimero! He concluido.

(Inmediatamente el abogado de la defensa y la secretaria del tribunal se convierten en dos soldados.)

FISCAL: ¡Que comparezcan los acusados!

(Los soldados empujan a los acusados ante el Fiscal.)

FISCAL: Bueno, ya oyeron la petición de clemencia del abogado de la defensa. ¿Aceptan pues el honor de la rehabilitación?

ACUSADOS: ¡Rurrrrrrrrrrrrrrrrrrrrr!

FISCAL: Ah, conque esas tenemos. ¡Así que se niegan a aceptar la bondad patria! ¡Cabrones! ¡Haciéndome perder el tiempo! (Se transforma repentinamente en el Reprimero.) ¡Y yo que todavía tengo que batear la primera pelota en la inauguración del Gran Stadiun! ¡Cómo debe estar aquello!... (A los soldados, transformado ya en Fiscal): ¡Aplíquenle *El Patriotizador-Optimizante-Raya-99-Gran-Victoria-Popular!*

(Los soldados aparecen con una especie de gigantesca tapa de olla, gran cantidad de cables, poleas y enchufes eléctricos. La inmensa tapa o cápsula cubre a los acusados. Uno de los soldados trae ahora una gran silla o balance donde se sienta el Fiscal, todas las luces se apagan y sólo se verá en escena el fulgor verdoso-rojizo que emana de la gran tapa de olla... Se oyen ruidos extraños, aullidos, ladridos, estampidas de animales, un bosque que cae, mugidos, una marcha gigantesca, como el avance de un río que se desborda; un relincho ahogado; maullidos y canciones infantiles. Un golpe seco de tambores. Marcha militar. Silencio.)

FISCAL: Consúltenlos.

(Uno de los soldados levanta una válvula o mirilla de la gigantesca tapa de olla.)

SOLDADO: ¿Están ya listos para el preproyecto de la rehabilitación?

(Como respuesta sólo se oirá el ruido del motor de una lancha en los momentos de arrancar.)

FISCAL: ¡Hijos de puta! (Ordenando) ¡El Patriotizador-Optimizante-NASKRACTACHAF-Wk-Rayos-1070!

(Los mismos efectos y luces. Ahora se oirán alaridos, sonidos aún más incoherentes o extraños; el gemido del viento. Aplausos. El relincho del caballo se oirá más remoto. Silbidos de una perseguidora; los perros; las breves notas de la composición musical del principio de la obra. Una explosión. Silencio. El fiscal hará una señal para que se consulten a los acusados. El soldado levanta la válvula. Antes de que pueda interrogarlos, se oirá ahora un *rurrrrrrr* dicho rápidamente y en alta voz.)

FISCAL: ¡Traidores miserables! ¡El Patriotizador-Optimizante-Diez-Noventa-Raya-por-Veinte-Por-veinte-Gran-Victoria-Universal!

(Los soldados cubren la tapa de olla con una complicada red de cables, pedazos de sacos, frutas podridas, a la que agregan una bolsa de tomates reventados, unos huevos, unas botellas vacías y dos gruesas sogas. Los mismos efectos y cambios de luces o parpadeos. Estruendo de una tropa, aullido de un animal en estampida. El chillido de un mono. Crepitar. Un cuerpo pesado que cae en el agua. El llanto de un niño. Una puerta que derrumban. El estruendo de una máquina de escribir. Un disparo sordo... Silencio. Humo. Finalmente, el mismo ruido de un motor que parte a toda velocidad.)

FISCAL (solemne y como fatigado): Preparen las sogas-patrias.

Claro de luna. Música de Chopin. La misma del principio pero más romántica y suave. Aparecen los dos soldados, ahora con capuchas, pues hacen de verdugos. Cada uno lleva en la mano una gran soga con un lazo. Danzan en forma de bailarines clásicos, esta danza no ha de ser una parodia, sino auténtica y si es posible perfectamente ejecutada. Se toman, se enlazan, se elevan, se ponen y se quitan las sogas del cuello. Abrazados giran en forma casi aérea y romántica. Un verdadero *Pax de deux*... El Fiscal mira arrobado la escena, se lleva un pañuelo a la mejilla. Finalmente, los bailarines se inclinan ante el público y saludan al estilo clásico... Estruendo de platillos. Luces muy claras. Se vuelve a la escena normal. Los verdugos, con las sogas, se acercan a los acusados. Colocan los lazos en los cuellos de los acusados. Empiezan a tirar fuertemente de la soga que lleva ya al cuello el hombre-acusado. La mujer-acusada, viendo que el hombre está en trance de muerte, corre hasta el Fiscal y lo abraza. El Fiscal y la acusada lloran abrazados. El Fiscal le enjuga las lágrimas y le arregla el cabello, la besa en la frente. En tanto, el acusado mira para ellos emitiendo un *rurrr, rurrrrrrr* cada vez más desesperado y ahogado, pues lo están estrangulando. (Música de Pérez Prado.) El Fiscal y la acusada comienzan a bailar un mambo.

Se contonean y abrazan frenéticamente. El acusado, con la soga casi quebrándole el cuello, gira alrededor de ellos, emitiendo su estentóreo *rurrrrr, rurrrrrrr*. Los verdugos continúan apretando la soga. Suena una contradanza. La acusada y el Fiscal se trincan en un desaforado acto sexual. La contradanza se diluye en el estruendo de una conga. De acuerdo con el ritmo de esa música, así serán (rápidos o lentos) los movimientos y acoplamientos eróticos... Concluye el acto sexual. El Fiscal se sacude las ropas y se cierra la bragueta, se ajusta la toga y demás andariveles.

FISCAL (serio y como ofendido, señalando a la acusada): ¡Ejecútenla por inmoral reincidente!

Los verdugos sueltan la soga del acusado que ya casi expiraba y comienzan a ahorcar a la mujer acusada que, entre violentos pataleos pierde el sentido. El acusado corre desesperado hasta el Fiscal y lo besa en la boca. Se escuchará un danzón que el acusado (siempre con la soga al cuello) y el Fiscal bailarán muy unidos. Los verdugos, a un gesto del Fiscal, que sigue bailando mientras es acariciado tiernamente por el acusado, dejan de estrangular a la acusada. Inmediatamente la acusada (siempre con la soga al cuello) comienza a bailar con uno de los verdugos. Mientras las dos parejas (verdugo y acusada, Fiscal y acusado) bailan, el segundo verdugo toma los extremos de las cuatro sogas que llevan tanto los acusados como los propios verdugos amarradas al cuello y los deposita en la mano libre del Fiscal que mientras danza acaricia las nalgas del acusado. Continúa el danzón (ahora Barbarito Diez y la orquesta de Antonio María Romeu.) Intercambio de parejas: Fiscal con acusada, verdugo con acusado. Mientras bailan, el Fiscal se irá convirtiendo en El Reprimero y los verdugos en soldados (las capuchas desaparecen.) La música, aunque no dejará de escucharse se oirá más lenta y baja, como lejana.

REPRIMERO (bailando con la acusada y empuñando los extremos de las cuatro sogas): Si de algo realmente no nos podrán tachar jamás será de inhumanos. Nuestra revolución es tan humana que llega hasta el diálogo y la compenetración (aprieta más a la acusada) con sus propios enemigos. Sí, sí, con sus enemigos... (Mientras el Reprimero habla y baila, el soldado que ha quedado solo le irá colocando a los acusados y al otro soldado un enorme cencerro en el cuello. Luego se pone uno también a sí mismo) Si ustedes me permiten les voy a empujar un pequeño versito. No se preocupen, porque no es de mi propia cosecha, como se dice...: «*El hombre es un niño laborioso*»[2]... *Nuestro pueblo joven y trabajador lucha contra el imperialismo y construye el socialismo en todos los frentes. La revolución socialista es el más alto logro de la cultura cubana* (Todo eso lo dirá en tono enternecido)... *Y partiendo de esa verdad insoslayable* (ahora levanta la voz algo animoso) *estamos dispuestos a continuar la batalla* (ahora verdaderamente furioso) *por su más alto desarrollo. Claro está que tendremos que tener en cuenta el aprendizaje* (mueve las caderas rítmicamente.) *Nuestro aprendizaje... Claro está que en el transcurso de estos*

---

[2] Ernesto Guevara: «Una actitud ante el trabajo», discurso pronunciado en agosto de 1964.

últimos años hemos ido cada día conociendo mejor al mundo y a sus personajes (otra vez enfurecido.) *¡Algunos de ellos son latinoamericanos descarados que en vez de estar allí en la trinchera de combate! ¡En la trinchera de combate!...* (Recuperándose pero con tono despectivo e indignado) *¿Pero por qué tengo que referirme a esas basuras?* (Declamando) *¿Por qué señores liberales burgueses? ¿Acaso no sienten, no palpan* (aprieta a la acusada fuertemente) *lo que opina y lo que expresa la masa?* (Aprieta con una mano las nalgas de la acusada) *¡La masa de millones de trabajadores y campesinos! ¡De millones de estudiantes! ¡De millones de familias! ¡De millones de profesores y maestros que saben de sobra cuáles son nuestros verdaderos problemas.* (Ahora arropado y tierno) *Nuestro arte y literatura serán un valioso medio para la formación de la juventud dentro de la moral revolucionaria que excluye el egoísmo y las aberraciones...* (Otra vez en tono declamatorio) *¡El arte es un arma de la revolución! ¡Un producto de la moral combativa de nuestro pueblo! ¡Un instrumento contra la penetración del enemigo! ¡No podemos dejar terreno para el diversionismo enemigo en cualquiera de sus formas!*[3] (Otra vez enternecido) ¡La revolución! Yo...

(De pronto se oye un potente *rurrrrr, rurrrrrr* fuera de escena, detrás de las cortinas, detrás de la pantalla. El estruendo del rurrrr es tan fuerte que por unos instantes hasta el mismo

---

[3] Fidel Castro, discurso pronunciado el 30 de abril de 1971 con motivo de la clausura del llamado «Congreso de Educación y Cultura».

Persecución

Reprimero se queda paralizado. El danzón ha cesado. Los soldados y los acusados, todos transformándose inmediatamente en perros se ponen en cuatro patas delante de El Reprimero quien mantiene controlada la jauría por los extremos de las sogas. Los perros comienzan a ladrar enfurecidos contra la pantalla de donde sale ahora el potente estruendo de una lancha de motor que parte a escape.)

REPRIMERO (agitando las sogas y azuzando los perros mientras saca la pistola): ¡A ellos! ¡A ellos! ¡A coger a esos hijos de puta! ¡Miserables! ¡Traidores! ¡Que no se escapen! Espías al servicio del enemigo! ¡Son los jefes de una enorme conspiración! ¡Cabrones! ¡Cabrones! ¡No se van a escapar! ¡A ellos! ¡A ellos!

Los perros estiran el pescuezo agitando los cencerros y ladrando enfurecidamente; así salen de la escena seguidos por el Reprimero, quien con las sogas tensas continúa azuzando a la jauría. Pero se oye cada vez más lejano el ruido de una lancha de motor que se aleja. Luego oscuridad y silencio absolutos. Comienza el último acto, *El poeta*.

EL POETA

ACTO QUINTO

Título:
El poeta.

Personajes:
El poeta.
El coro.

El poeta está representado por el anciano de la jaula (Acto II.) Pero en lugar de llevar la soga al cuello la lleva en una mano; en la otra, el cartapacio con sus manuscritos. Estos manuscritos (que son la obra teatral que se representa), el poeta los comenzará a leer en escena y los irá tirando por cualquier lugar. A veces, mientras declama su monólogo, tomará una hoja del piso o del catapacio como para cerciorarse de que lo que dice es lo correcto o para ayudar su memoria. Es importante destacar el rejuvenecimiento del poeta en plena escena, a medida que pronuncia su discurso. Así, al hacer su entrada será un anciano barbudo y desgreñado que camina trabajosamente; luego se transforma en un hombre de unos cincuenta años;

después, en otro de cuarenta. Finalmente, ya casi al terminar del texto, será un joven esbelto y dinámico. Para todo ello se contará con la complicidad de las luces y del vestuario. El cabello pasará del blanco al negro, los ojos irán ganado brillantez. El actor puede llevar al principio una capa de la que se desprenderá más adelante. También en un momento oportuno desaparecerá la barba. El coro estará integrado por todos los actores de los actos anteriores. Sus miembros llevan las ropas con que caracterizaron a sus personajes. El coro aparecerá solamente al final de la obra.

Escenario:
El mismo del acto anterior. Pero la pantalla estará al principio absolutamente en negro e irá aclarándose paulatinamente, de manera que al terminar el acto, cuando el poeta dice «*Mi triunfo*», la pantalla será de una blancura resplandeciente.

La pieza comenzará con el escenario (siempre sin telón) absolutamente oscuro. Se escuchará una sola nota del tema musical, nota que insiste repitiéndose, como si fuese dada por alguien que quiere seguir adelante con el tema, pero que no puede. Luces. Entra el poeta y comienza su monólogo. A medida que va avanzando en su discurso y tirando hojas por doquier, del techo comenzarán a caer también hojas manuscritas, hasta convertirse, casi al final, en una verdadera lluvia de papeles. El poeta (de acuerdo con la interpretación del texto) lucirá irónico, apasionado, sarcástico, furioso –en uno de esos momentos tomará la palmera y la lanzará contra el público, la palmera lo mismo puede caer en el pasillo que en la cabeza de un espectador. Se tomarán medidas pertinentes para que el árbol artificial esté hecho de un material suave... Al final, o casi al final, el poeta lanzará también la soga al público, en un acto (quizás) de liberación. En general no he querido apuntar los momentos exactos en que el personaje realice estas u otras acciones, a fin de dejarle un margen de libertad e interpretación a su actuación. Queda también al criterio y a la imaginación del actor y del director la posibilidad de escenificar de varias formas el texto.

EL POETA (hace su entrada por un lado del escenario, con la soga en la mano, se detiene en el centro, cerca de la palmera, frente al público, a quien parece interrogar o consultar junto consigo mismo): ¿Seguir? ¿No seguir? He aquí el dilema... ¿Cómo, pues, soportar la vejación perenne que impone el hecho de estar vivo, la seguridad de que pronto no lo estaremos? ¿Cómo, pues, soportar la cola de la croqueta, la ofensa de envejecer, los discursos del premier, las interrogaciones (las burlas) incontestables que nos lanza siempre el tiempo, el hambre obligatoria y exaltada en ripios «gloriosos», el calor del trópico, el horror del trópico, los ademanes irrevocables de los adolescentes, la soledad sin subterfugios ni consuelos, la humillación del tirano, la repetida traición de nuestros amigos, la asamblea semanal, la comida sin sal, la camisa sucia, la guagua repleta, la pila sin agua, las películas búlgaras, la pérdida de casi todo nuestros odios y pasiones, la vida reducida a una sola dimensión en el estupor, la persecución sexual, el ostracismo sin apelaciones, la expropiación de nuestros sueños más minúsculos, la represión más bárbara ante la forma de vestir o de peinarse, la implantación de un crimen fijo, de una fija estafa sobre la que hay que entonar loas infinitas? ¿Cómo soportar los zapatos plásticos, la «Internacional», la pérdida del pelo y de la dignidad, la agonía metódica y doméstica (mañana, mediodía, tarde, noche), las jornadas interminables en el campo, la inminente, desoladora certeza de estar preso, la impotencia ante esta certeza, los programas de televisión, cine y radio; la misma retórica paladeada, repetida, reproducida en murales, consignas, vallas, titulares, altoparlantes, grabadoras...? Nuestra ineludible, clara, condición de esclavo; el hecho de haber nacido en el cacareo cerrado de una isla, el pavoroso desamparo de una isla, la prisión-prisión-prisión que es una isla... ¡Oh, la lectura del *Gramma*! Los visitantes oficiales, la demagogia del que dobla los micrófonos, las promesas de un futuro no para hoy ni para mañana, la venganza en lugar de la razón, el odio y la pasión en vez de la inteligencia y del amor; nuestra propia mueca descomunal, nuestra descomunal incredulidad y sinrazón de estar; el color del domingo, el color del verano, el color de los cuerpos que se encorvan; la cobardía y el oportunismo de nuestros defensores, la vileza de nuestros enemigos, la torpeza de nuestros amigos; el fin de toda civilización –de toda autenticidad– de toda individualidad, de toda grandeza (fin que se abate ya sobre el mundo): la muerte del hombre como tal, y de todas sus sagradas, inspiradas, nobles vanidades... ¡Oh, el chillido de la presidenta del CDR! La falta de desodorante, las sillas de tijeras, las películas «progresistas» hechas por productores capitalistas, la conversión de cineastas y maricones millonarios al comunismo, la peste a grajo, la tarde y el sudor de las manos, la taza del inodoro que no descarga y

Persecución

las últimas declaraciones de Sartre –siempre hace unas últimas declaraciones esa descarada–, las cartas de la madre y los bolígrafos argelinos; y aún, ante la certeza de que ya no hay escapatorias, máscaras en mano, en la danza que se prolongará hasta nuestro reventamiento, y, quizás, más allá... ¿Cómo pues soportar tanto escarnio, tanto estupor, tanto ruido, tanta miseria impresa o expresa, tanto meneo, tanto careo, tantas figuras inexistentes que chillan, tanta tristeza e impotencia, furia y dolor, cuando vasta el leve precipitarse del metal en mi cuerpo, la dulce cuerda o el disparo en la nuca?... ¿Seguir? ¿No seguir? He aquí el dilema... ¿Qué, pues, sino el estímulo de esa airada, divina, persistente sed de venganza, de desquite, de cuentas a rendir, de no partir sin antes decir, dejar, estampar en la eternidad, o donde sea, la verdad sobre la porción de horror que hemos padecido y padecemos, nos hace resistir, soportar, fingir y no mandar a la mierda de una patada descomunal tanta fatiga, envilecimiento y locura...? Morir –¿jamás soñar?–. Morir –¿tal vez quedar?–. Tal vez, antes de partir, estampar definitivamente eso que no nos permiten jamás decir y somos: nuestro unánime e instransferible grito. Morir... ¿Tal vez quedar?
Indra Verdosa,
Isis Canosa,
Venus Frígida,
Pastor de Cabras,
Neptuno Ecuestre,
Zeus Amante,
Júpiter Olímpico,
Saturno,

Divinas Parcas,
Diana Luciferina,
Diana Cazadora,
Dioses del Cielo-raso,
Airadas Erinnias,
Bacantes y Sátiros,
Ninfas Marinas,
Flora,
Fauna,
Cronos,
Diablillos de Cimbreantes Taparrabos que sostienen
la Esfera,
Portero del Hades,
Nereydas y Geniecillos,
Clodia Vestal,
Clodia Romana,
Huracán de las Liturgias,
Vírgenes Escandinavas,
Vírgenes Mártires,
Santus Medicantes,
Santus Lagañosos,
Santus Santorum,
Agnus Dei,
Oprora Nobis,
Indira Gandhi,
Lágrima Christi,
Vino de Moscatel,
Vino de Pasas,
Turrón de Alicante,
Turrón de Yema,
Turrón de Jijona —¡ji, ji: qué sabrosa era la jijona!

Croquetas al Plato,
Puré de Lentejas...
Oh, Divinidades mayores y menores,
interinas o subalternas.
Oh grotescos, horribles,
inexistentes, ineludibles
    dioses,
               acudan,
el llamado es urgente.
Dancen
en mi honor,
fatíguense en mi honor,
inmólense en mi honor,
        ayúdenme.
Que yo pueda terminar el poema,
que mi airada blasfemia llegue a su fin.
Dioses de brazos verdes y repetidos,
dejen ya de rescabucharse, formen a mi
alrededor una jaula protectora, una jungla
si es posible... Que nadie me descubra, que
nadie advierta que todavía existo, que me
dejen en paz y pueda continuar.
        Nereydas y sus Geniecillos
(en cueros),
      dancen en la calle,
dancen en la esquina de mi cuadra,
entreténganlos,
que no piensen en mí.
        Neptuno Ecuestre,
ven con tus caballos marinos,

tritones y delfines, trae también
el tridente; dispersa a los adolescentes, que ningún pescador radiante
se me acerque.
         Clodia matronal y obesa,
Santa Clodia,
        dile a Nicolás Guillén
que me regale mil hojas de papel
gaceta.
        Huracán de las Liturgias
(tropicales),
        ¡sopla, sopla!,
llévate lejos a ese automóvil
marca *M Z*,
sospechosamente parqueado
bajo mi cuarto.
        Disciplinado Evangelista,
depón tus plegarias
y corre a calmar a ese recluta
que ya lo veo ronronear,
solicitando ser atendido.
        Dioses negros de tres patas
(una erecta),
        ensarten, por favor,
a las locas más bravas,
esas que además son poetas,
como joaquín bacüero;
redímelas de tanta retórica,
fatíguenlas,
que no me visiten esta tarde.
        Juana en Llamas,

acude esta noche
a la hora del «pico-eléctrico»
            Teresa Culeca,
no te pido una morada
(ni tampoco una rosada),
no quiero más que cuatro paredes
donde yo pueda continuar mi
tacla tacla
        tac.
            Bruno el noble, Bruno el Grande
            –Ah, Bruno el lacónico a pesar de tanto
                fuego–,
préstame uno de tus tizones
para entintar la cinta
de mi máquina de escribir.
            Avatares y dioses menores,
registren mi cuarto
y den con la grabadora
estratégicamente colocada.
(¡En algún sitio tiene que estar!)
Busquen, busquen bien.
            Brahma (que ya no brama) de
            cuatro rostros,
préstame uno
para cuando llegue el momento
de los interrogatorios.
            Zeus delirante,
así como en la guerra de Troya
supiste detener al sol,
detén ahora a ese miembro

del Ministerio del Interior
encargado de «mi caso», que
me ronda.
   Que ya se acerca.
      ¡Artemisa!,
olvídate de Jerjes
y acude aquí.
Mira que ya no hay arte.
Mira que ya no hay misa.
  Thetis madril,
sal otra vez del mar,
anda, habla con Aqueronte.
  Llora otra vez.
Dile que se haga el bobo
y me deje un rato más.
Dile que ya estoy terminando.
Dile que siempre habrá tiempo
para el paseíto... Dile que
espere un momento, que ya voy.
que voy enseguida,
dile...
    Monja
que en la llanura de Gatimozín
renunciaste a la tortilla
y te hiciste sabia,
deja ya de escribirle a Sor Filotea
y ven con tus reglas, cartabones
y compases, esferas y cartapacios,
hazme un hueco, un muro falso,
un rincón hermético e inadvertido
donde yo pueda esconder todos estos

papeles sin que *ellos* jamás los encuentren.
  Vino de Oporto,
  Divinidades Chinas,
  Divinidades de Pino,
  Naranja de Injerto,
  Mango de Hilachas,
  Yerba de Guinea,
  Yerba Hedionda,
  Orión, Fetiches y Oriches,
  Mentiras Sagradas,
Acudan.
  El llamado –reza el telegrama–
    es
    ¡URGENTE!
Y
ellos
respondieron:

CORO (irrumpiendo): *Esparcirás*
  Sobre la tierra tu canto
  y él llevará el sabor de la derrota,
  el sabor del odio y de la maldición.

POETA: Y yo agregué: *¡Mi triunfo!*

(Luz total. Oscuridad. Termina el acto V, *El poeta*.)

Ya se sabe que la vida imita al arte, de manera que cualquier persona que se sienta identificada con alguno de estos personajes, deberá comunicármelo de inmediato, para establecer contra ella la demanda pertinente.

EL AUTOR.

Esta obra se comenzó a escribir en La Habana en 1973 y se terminó en Nueva York en 1985. Los manuscritos se encuentran en la universidad de Princeton, Nueva Jersey.

PERSECUCIÓN (ELLA Y YO) fue estrenada por el grupo PROMETEO, en el Miami-Dade Community College, bajo la dirección de Nilo Cruz, el día 4 de octubre de 1985. La obra será presentada de nuevo, bajo la dirección de Teresa María Rojas, durante el XVI Festival Internacional de Teatro Hispano (junio del 2001).

REINALDO ARENAS nació en Holguín, Cuba, en 1943. De 1974 a 1976 estuvo confinado en la prisión de El Morro. Salió de Cuba (por el Puerto de El Mariel con otros 125,000 cubanos) en 1980, radicándose en Nueva York. Obtuvo las becas *Cintas* y *Guggenheim*, así como el premio al mejor novelista extranjero publicado en Francia en 1969.

Su obra ha sido traducida al inglés, al francés, al alemán, al italiano, al portugués, al holandés, al japonés, al turco, al polaco, al finés, al sueco y al sistema Braille para ciegos. En 1988 (antes del derrumbe del campo socialista) redactó la primera carta abierta a Fidel Castro, solicitándole un plebiscito. Dicha carta ha obtenido una repercusión mundial (e innumerables variantes) y ha sido firmada por cientos de personalidades, incluyendo nueve Premios Nóbel.

El viernes 7 de diciembre de 1990 puso fin a su vida. En carta enviada al Director del *Diario Las Américas* de Miami, Dr. Horacio Aguirre, se despide escribiendo:

Queridos amigos: debido al estado precario de mi salud y a la terrible depresión sentimental que siento al no poder seguir escribiendo y luchando por la libertad de Cuba, pongo fin a mi vida. En los últimos años, aunque me sentía muy enfermo, he podido terminar mi obra literaria en la cual he trabajado por casi treinta años. Les dejo pues como legado todos mis terrores, pero también las esperanzas de que pronto Cuba será libre. Me siento satisfecho con haber podido contribuir aunque modestamente al triunfo de esa libertad. Pongo fin a mi vida voluntariamente porque no puedo seguir trabajando. Ninguna de las personas que me rodean están comprometidas en esta decisión. Sólo hay un responsable: Fidel Castro. Los sufrimientos del exilio, las penas del destierro, la soledad y las enfermedades que haya podido contraer en el destierro seguramente no las hubiera sufrido de haber vivido libre en mi país.

Al pueblo cubano tanto en el exilio como en la isla los exhorto a que sigan luchando por la libertad. Mi mensaje no es un mensaje de derrota, sino de lucha y esperanza.

Cuba será libre. Yo ya lo soy.

Reinaldo Arenas

Algunas obras publicadas de REINALDO ARENAS:

Novelas:
La pentagonía:
   Celestino antes del Alba
   El palacio de las blanquísimas mofetas
   Otra vez el mar
   El color del verano
   El asalto
Otras novelas:
   El mundo alucinante
   Arturo, la estrella más brillante
   Viaje a La Habana
   El portero
   La loma del Ángel

Teatro:
Persecución (Cinco piezas de teatro experimental)

Relatos:
Termina el desfile
La vieja Rosa
Adiós a mamá

Poesías:
El central
Voluntad de vivir manifestándose
Leprosorio (Trilogía poética)

Ensayos:
Necesidad de libertad
Plebiscito a Fidel Castro (en colaboración con Jorge Camacho)

Antes que anochezca (autobiografía)

OTROS LIBROS PUBLICADOS POR EDICIONES UNIVERSAL:

COLECCIÓN TEATRO:

3721-0 LA SOLEDAD DE LA PLAYA LARGA, MAÑANA MARIPOSA, José Sánchez-Boudy
029-1 REQUIEM POR YARINI, Carlos Felipe
134-4 HOMO SAPIENS (teatro del no absurdo), José Sánchez-Boudy
229-4 OJOS PARA NO VER, Matías Montes Huidobro
247-2 LA REBELIÓN DE LOS NEGROS, José Sánchez-Boudy
271-5 EL SUPER (TRAGI-COMEDIA), Iván Acosta
276-6 DOS Y DOS SON SINCO Y OTRAS CUATRO COMEDIAS, Alfredo W. González
390-8 UNA CAJA DE ZAPATOS VACIA, Virgilio Piñera
391-6 PERSECUCIÓN, Reinaldo Arenas
484-X AMAR ASÍ, José Abreu Felippe
563-3 EL EXTRAVÍO-LA CRÓNICA Y EL SUCESO-AQUÍ CRUZA EL CIERVO, Julio Matas
601-X EL ÚLTIMO TROVADOR, Carmelo Gariano
628-1 JUEGOS Y REJUEGOS, Julio Matas
655-9 TEATRO, Ramón Ferreira
749-0 CARTELES ROTOS / AMADÍS DE GAULA, José Martín Recuerda (edición de Sixto E. Torres)

ALGUNOS LIBROS PUBLICADOS EN LA COLECCIÓN CANIQUÍ POR EDICIONES UNIVERSAL:

018-6	LOS PRIMOS, Celedonio González
020-8	LOS UNOS, LOS OTROS Y EL SEIBO, Beltrán de Quirós
021-6	DE GUACAMAYA A LA SIERRA, Rafael Rasco
022-4	LAS PIRAÑAS Y OTROS CUENTOS CUBANOS, Asela Gutiérrez
024-0	PORQUE ALLÍ NO HABRÁ NOCHES, Alberto Baeza Flores
025-9	LOS DESPOSEÍDOS, Ramiro Gómez Kemp
027-5	LOS CRUZADOS DE LA AURORA, José Sánchez-Boudy
033-X	CUENTOS SIN RUMBOS, Roberto G. Fernández
034-8	CHIRRINERO, Raoul García Iglesias
035-6	¿HA MUERTO LA HUMANIDAD?, Manuel Linares
036-4	ANECDOTARIO DEL COMANDANTE, Arturo A. Fox
038-0	ENTRE EL TODO Y LA NADA, René G. Landa
040-2	CUENTOS DE AQUÍ Y ALLÁ, Manuel Cachán
041-0	UNA LUZ EN EL CAMINO, Ana Velilla
043-7	LOS SARRACENOS DEL OCASO, José Sánchez-Boudy
0434-7	LOS CUATRO EMBAJADORES, Celedonio González
0639-x	PANCHO CANOA Y OTROS RELATOS, Enrique J. Ventura
1365-6	LOS POBRECITOS POBRES, Alvaro de Villa
168-9	LILAYANDO PAL TU (MOJITO Y PICARDÍA CUBANA), José Sánchez Boudy
170-0	EL ESPESOR DEL PELLEJO DE UN GATO YA CADÁVER, Celedonio González
171-9	NI VERDAD NI MENTIRA Y OTROS CUENTOS, Uva A. Clavijo
1948-4	EL VIAJE MÁS LARGO, Humberto J. Peña
196-4	LA TRISTE HISTORIA DE MI VIDA OSCURA, Armando Couto
227-8	SEGAR A LOS MUERTOS, Matías Montes Huidobro
230-8	FRUTOS DE MI TRASPLANTE, Alberto Andino
249-9	LAS CONVERSACIONES Y LOS DÍAS, Concha Alzola
2533-6	ORBUS TERRARUM, José Sánchez-Boudy
255-3	LA VIEJA FURIA DE LOS FUSILES, Andrés Candelario
282-0	TODOS HERIDOS POR EL NORTE Y POR EL SUR, Alberto Muller
292-8	APENAS UN BOLERO, Omar Torres
297-9	FIESTA DE ABRIL, Berta Savariego
300-2	POR LA ACERA DE LA SOMBRA, Pancho Vives
301-0	CUANDO EL VERDE OLIVO SE TORNA ROJO, Ricardo R. Sardiña
303-7	LA VIDA ES UN SPECIAL, Roberto G. Fernández
327-4	TIERRA DE EXTRANOS, José Antonio Albertini
332-0	LOS VIAJES DE ORLANDO CACHUMBAMBÉ, Elías Miguel Muñoz
342-8	LA OTRA CARA DE LA MONEDA, Beltrán de Quirós
3460-2	LA MÁS FERMOSA, Concepción Teresa Alzola
381-9	EL RUMBO, Joaquín Delgado-Sánchez
423-8	AL SON DEL TIPLE Y EL GÜIRO..., Manuel Cachán
435-1	QUE VEINTE AÑOS NO ES NADA, Celedonio González

440-8	VEINTE CUENTOS BREVES DE LA REVOLUCIÓN CUBANA Y UN JUICIO FINAL, Ricardo J. Aguilar
442-4	BALADA GREGORIANA, Carlos A. Díaz
464-5	EL DIARIO DE UN CUBANITO, Ralph Rewes
465-3	FLORISARDO, EL SÉPTIMO ELEGIDO, Armando Couto
473-4	MUCHAS GRACIAS MARIELITOS, Ángel Pérez-Vidal
476-9	LOS BAÑOS DE CANELA, Juan Arcocha
487-4	LO QUE LE PASO AL ESPANTAPÁJAROS, Diosdado Consuegra
493-9	LA MANDOLINA Y OTROS CUENTOS, Bertha Savariego
494-7	PAPÁ, CUÉNTAME UN CUENTO, Ramón Ferreira
495-5	NO PUEDO MAS, Uva A. Clavijo
501-3	TRECE CUENTOS NERVIOSOS —NARRACIONES BURLESCAS Y DIABÓLICAS—, Luis Ángel Casas
519-6	LA LOMA DEL ANGEL, Reinaldo Arenas
533-1	DESCARGAS DE UN MATANCERO DE PUEBLO CHIQUITO, Esteban J. Palacios Hoyos
539-0	CUENTOS Y CRÓNICAS CUBANAS, José A. Alvarez
542-0	EL EMPERADOR FRENTE AL ESPEJO, Diosdado Consuegra
543-9	TRAICIÓN A LA SANGRE, Raul Tápanes-Estrella
544-7	VIAJE A LA HABANA, Reinaldo Arenas
545-5	MAS ALLÁ LA ISLA, Ramón Ferreira
554-4	HONDO CORRE EL CAUTO, Manuel Márquez Sterling
555-2	DE MUJERES Y PERROS, Félix Rizo Morgan
556-0	EL CÍRCULO DEL ALACRÁN, Luis Zalamea
560-9	EL PORTERO, Reinaldo Arenas
565-X	LA HABANA 1995, Ileana González
576-5	UNA CITA CON EL DIABLO, Francisco Quintana
587-0	NI TIEMPO PARA PEDIR AUXILIO, Fausto Canel
594-3	PAJARITO CASTAÑO, Nicolás Pérez Díez Argüelles
595-1	EL COLOR DEL VERANO, Reinaldo Arenas
596-X	EL ASALTO, Reinaldo Arenas
611-7	LAS CHILENAS (novela o una pesadilla cubana), Manuel Matías
619-2	EL LAGO, Nicolás Abreu Felippe
629-X	LAS PEQUEÑAS MUERTES, Anita Arroyo
630-3	CUENTOS DEL CARIBE, Anita Arroyo
632-X	CUENTOS PARA LA MEDIANOCHE, Luis Angel Casas
633-8	LAS SOMBRAS EN LA PLAYA, Carlos Victoria
638-9	UN DÍA... TAL VEZ UN VIERNES, Carlos Deupi
653-2	CUENTOS CUBANOS, Frank Rivera
657-5	CRÓNICAS DEL MARIEL, Fernando Villaverde
667-2	AÑOS DE OFÚN, Mercedes Muriedas
670-2	LA BREVEDAD DE LA INOCENCIA, Pancho Vives
693-1	TRANSICIONES, MIGRACIONES, Julio Matas
697-4	EL TAMARINDO / THE TAMARIND TREE, María Vega de Febles
699-0	EL AÑO DEL RAS DE MAR, Manuel C. Díaz

705-9	ESTE VIENTO DE CUARESMA, Roberto Valero Real
707-5	EL JUEGO DE LA VIOLA, Guillermo Rosales
711-3	RETAHÍLA, Alberto Martínez-Herrera
728-8	CUENTOS BREVES Y BREVÍSIMOS, René Ariza
729-6	LA TRAVESÍA SECRETA, Carlos Victoria
741-5	SIEMPRE LA LLUVIA, José Abreu Felippe
772-5	CELESTINO ANTES DEL ALBA, Reinaldo Arenas
779-2	UN PARAÍSO BAJO LAS ESTRELLAS, , Manuel C. Díaz
780-6	LA ESTRELLA QUE CAYÓ UNA NOCHE EN EL MAR, Luis R. Alonso
782-2	MONÓLOGO CON YOLANDA, Alberto Muller
784-9	LA CÚPULA, Manuel Márquez Sterling
785-7	CUENTA EL CARACOL (relatos y patakíes), Elena Iglesias
791-1	ADIÓS A MAMÁ (De La Habana a Nueva York), Reinaldo Arenas
793-8	UN VERANO INCESANTE, Luis de la Paz
799-7	CANTAR OTRAS HAZAÑAS, Ofelia Martín Hudson
800-4	MÁS ALLÁ DEL RECUERDO, Olga Rosado
807-1	LA CASA DEL MORALISTA, Humberto J. Peña
812-8	A DIEZ PASOS DE EL PARAÍSO, Alberto Hernández Chiroldes
816-0	NIVEL INFERIOR (cuentos), Raúl Tápanes Estrella
817-9	LA 'SEGURIDAD' SIEMPRE TOCA DOS VECES Y LOS *ORISHAS* TAMBIÉN (novela), Ricardo Menéndez
819-5	ANÉCDOTAS CUBANAS (Leyenda y folclore), Ana María Alvarado
824-1	EL MUNDO SIN CLARA (novela) Félix Rizo
837-3	UN ROSTRO INOLVIDABLE, Olga Rosado
839-X	LA VIÑA DEL SEÑOR, Pablo López Capestany
852-7	LA RUTA DEL MAGO (novela), Carlos Victoria
853-9	EL RESBALOSO Y OTROS CUENTOS, Carlos Victoria
854-3	LOS PARAÍSOS ARTIFICIALES (novela), Benigno S. Nieto
855-1	CALLE OCHO, María Luisa Orihuela
859-4	VIEJAS POSTALES DE MIAMI, Marina Easley
865-9	COSAS DE MUCHACHOS (ANÉCDOTAS INFANTILES), Rosa Dihigo Beguirstain y Mario E. Dighigo
879-9	HISTORIAS DE LA OTRA REVOLUCIÓN, Vicente Echerri
883-7	VARADERO Y OTROS CUENTOS CUBANOS, Frank Rivera
913-2	EL DÍAS MÁS MEMORABLE (relatos), Armando Álvarez Bravo
914-0	EL OTRO LADO (relatos), Luis de la Paz
916-7	CINCUENTA LECCIONES DE EXILIO Y DESEXILIO, Gustavo Pérez Firmat
919-1	MIAMI EN BRUMAS (novela), Nicolás Abreu Felippe
932-9	EL ÚLTIMO ALZADO E ITINERARIO DE UN DESTINO (Ficciohistorias del Escambray), Onilda A. Jiménez
936-1	DIOS EN LAS CÁRCELES DE CUBA (novela testimonio), María Elena Cruz Varela
938-8	UN CAFÉ EXQUISITO (relatos), Esteban Luis Cárdenas
940-x	REINA DE LA VIDA (novela), Benigno S. Nieto /2001/

www.ingramcontent.com/pod-product-compliance
Lightning Source LLC
Chambersburg PA
CBHW050559300426
44112CB00013B/1989